望城旅游经济地理

WANG CHENG LV YOU JING JI DI LI

主编 ◎ 文学兵　周英姿

经济管理出版社

图书在版编目（CIP）数据

望城旅游经济地理/文学兵，周英姿主编. —北京：经济管理出版社，2015.6
ISBN 978-7-5096-3758-6

Ⅰ.①望… Ⅱ.①文…②周… Ⅲ.①区（城市）—旅游地理学—长沙市—中等专业学校—教材
Ⅳ.①F592.99

中国版本图书馆 CIP 数据核字（2015）第 088805 号

组稿编辑：杨国强
责任编辑：杨国强　张瑞军
责任印制：黄章平
责任校对：张　青

出版发行：经济管理出版社
　　　　　（北京市海淀区北蜂窝 8 号中雅大厦 A 座 11 层　　100038）
网　　址：www. E-mp. com. cn
电　　话：(010) 51915602
印　　刷：三河市延风印装有限公司
经　　销：新华书店
开　　本：787mm×1092mm/16
印　　张：8.25
字　　数：135 千字
版　　次：2015 年 9 月第 1 版　　2015 年 9 月第 1 次印刷
书　　号：ISBN 978-7-5096-3758-6
定　　价：36.00 元

长沙市
望城区旅游示意图

往湘阴　高家庄生态农庄　往湘阴　省道102

凤凰农庄　乔江渔郭　黄龙水库　古长山庄　洞阳村　九峰山　往北京

雷　开天农庄　华龙山庄　德迁山庄　黑麋峰森林公园

锋　农科园　循环工业园　黑麋峰水库

北　都惠创意园　华电　铜官陶城　黑麋古刹

长塘生态农庄　大　杨泗庙　湘　罗汉坝农家乐

云凝茶业　靖港古镇　郭亮纪念园　梅园农家乐

千龙湖度假村　金成水乡　道　彩陶源村　芙

兴农农业　竹秀蓝湾　铜官窑遗址

京　湘江航电枢纽

珠　斑马湖　书堂山欧阳询文化公园

澳　望城区政府　江　蓉

西　金庭大酒店　香炉洲

线　南水国际大酒店　大

望塑农庄　红星大酒店

铭国际酒店　道

云月生态农庄

往常德 益阳　石　长　铁　路　黄　奥特莱斯广场　三环线

马龙山庄　桥　天园地芳　二环线

长常高速公路　乌山　开心农场　马家河　金

古冲水库　湘御明月园　龙湖高尔夫　鹅程大酒店　北

逸轩山庄　高　藏公庙　洗沙岸喜　铁

云湖山庄　大　嘉音岩水库　雷　路　开福区

光明村　道　黄金园帆丝　公　锋　百果园

319国道　金洲大道　路　大　长沙市政府★

雷锋纪念馆　道　岳麓区

鹿饮泉水库　醴陵

前　言

　　望城区是湖南省省会长沙市辖区，地处湘中东北部，湘江下游两岸。东邻长沙县，南接长沙市区，西至宁乡，北连湘阴、汨罗市，总面积969平方公里。

　　望城是伟大的共产主义战士雷锋的故乡，曾被江泽民同志誉为"希望之城"。望城是人文荟萃，名人学士代不绝书的地方。其中，书堂山的灵山秀水孕育了一代书法大家欧阳询，他工于诗文，编成《艺文类聚》；潜心数学的清代丁取忠，会集《白芙堂算学丛书》，成为我国灿烂的数学文化遗产；李篁仙、陈运溶、夏士兰、陈子展、欧阳翥、李肖聃、程千帆、顾梅羹、周庆年、邹应斌均为清末以来文艺教育界、医学界、农学界的巨匠名人。僧人怀素"家长沙，幼而事佛"，专心临书，而成"草圣"；戴文奇苦战黄巢，曾国藩兵败靖港，为湖湘文化增添了浓墨重彩；历代名家杜甫、刘长卿、姚鼐、王夫之、郑板桥等流连此境，留下题咏。

　　放眼现代，望城同样英杰辈出。郭亮等革命先烈短暂而又波澜壮阔的一生，令今人和后世景仰；共产主义战士雷锋同志短暂的22岁生命中，有18年是在故乡望城度过的，如今，雷锋精神已成为望城的标志。雷锋纪念馆、郭亮烈士墓等与中国革命密切相关的人文景观，已成为爱国主义教育的重要基地，净化、淳化着千百万人的心灵。

　　在经济发展方面，开放进取、敢为人先的望城人民抢抓机遇、乘势而为，实现了由农业主导型经济向工业主导型经济蜕变，建立了以工业园区为载体，第二、第三产业优先发展，第一、第二、第三产业并举的新格局，经济步入了持续、快速、健康的良性发展轨道。尤其是近几年来，望城贯彻落实科学发展观，按照"全力打造新城区、实现三年大变样"的目标定位，大力实施"工业主导、城乡统筹"发展方针，加速推进新型工业化、新型城市化、农业现代化，区域经济综合实力进入湖南省各县（市）第一方阵，连续四年跻身"全省三强县"、名列"中部十强县"、全国百强县。

《望城旅游经济地理》教材是依据职业学校旅游专业的办学特点自主开发的课程系统，教学内容更具灵活性和针对性。《望城旅游经济地理》是一门专业性、实用性学科，根据学校人才培养方案，适用职业中等专业学校旅游专业技能型人才培养要求，对接地方经济发展及职业岗位需求，特组织教学经验丰富的专业老师编写了此教材。

在教材编写过程中，我们走访了本地许多知名旅游景点和生态农庄，根据企业对人才的要求标准，结合我校旅游专业学生特点和就业情况，在编写教材时注重学生素质的提高，注重实用能力的培养，注重服务地方经济的教学内容。

本书由长沙市望城区职业中等专业学校旅游服务与管理专业文学兵老师负责体例的编制、内容结构的安排及文字编写。经副校长陈昆明、教务科长李淑梅审核。在编写本书的过程中得到了同事王敏、佘诗蕾、纪敏等对书稿的校对及资料收集的支持，在此一并表示感谢。

本书适用于中等职业学校旅游专业的教学和从业人员参考，也适用旅游景点、旅游酒店和现代生态农庄等作为服务员的培训教材或辅助教材，也可以作为其他服务人员学习参考资料。

旅游业在我国是一个新兴的行业，服务类知识博大精深。同时，望城旅游业正在发展和建设之中，本书收集的资料必然存在一些不成熟和疏漏之处，恳请有关专家和读者批评指正，以共同推进该学科的发展。

编　者

2015 年 6 月

目　录

项目一　望城概况

☞ **知识目标**

知晓望城的地理环境、经济环境和人文环境。

☞ **能力目标**

（1）熟悉望城环境并能够熟练、流畅地讲解。

（2）熟悉望城的风土人情和主要特产，并能熟练、流畅地讲解。

☞ **素质目标**

（1）爱岗敬业，工作态度热情，具有较强的应变能力。

（2）语言流畅、服务用语规范、普通话标准，能与顾客较好地沟通。

（3）仪表端正、行为举止文明规范。

🏠 **任务导入**

　　每个城市都有它的独特之处，不管是地理位置、人文经济还是自然景观，都有它独特的文化内涵和历史底蕴，当我们看到一座城市，喜欢上一座城市，那么这座城市一定有它吸引我们的地方。望城也一样，要找到我们喜欢它的理由，其实很简单，我们首先要了解清楚以下几个问题：

　　（1）你所了解的望城地理环境、经济环境和人文环境是怎样的？

　　（2）你认为地理环境、经济环境和人文环境对发展当地旅游重要吗？

（3）你能写一篇介绍望城的导游词吗？

☞ 任务过程

利用多媒体教学，播放视频和图片，学习以下内容。

任务一
望城地理环境概述

图 1-1　望城区地理位置

一、地理位置

望城区是湖南省省会长沙市辖区，地处湘中东北部，湘江下游两岸。东邻长沙县，南接长沙市区，西至宁乡，北连湘阴、汨罗市，位于东经 112°35′48″~113°02′30″和北纬 27°58′28″~28°33′45″之间。总面积 969 平方千米。

二、地貌

望城整个地形呈不规则的长方形，地势由南向北倾斜。东北部群山绵亘，黑麋峰为其最高峰，海拔 590.5 米，山脉向西南延伸，止于湘江东岸，区域内岗地面积较大，岗顶多为平展伸延，地表缓和起伏；西南部嵇珈山海拔 474.2 米，自宁乡逶迤起伏东来，群峰耸立，层峦叠嶂；西北部为滨湖冲积平原区，土地平旷，渠沟纵横，内有团头湖，为境内最大的湖泊，湛湖海拔 23.5 米，为全区最低处；中部多为丘陵岗地，海拔在 60~150 米之间。

望城区全境主要有如下地形带地区：

西北滨湖冲积平原区。该区与宁乡县、益阳市赫山区、湘阴县接壤，包括老沩水河、八曲河、团山湖和湘江以东的苏蓼垸一带地区。这一带政区为大众垸内的靖港镇、格塘镇、新康乡、乔口镇、乌山镇部分地区、东城镇苏蓼垸地区。区内地势低平，海拔在 25~30 米，最低处为乔口镇附近，为海拔 23 米。

东北部中低山、岗地区。本区与长沙城区开福区、长沙县、汨罗市和湘阴县接壤，包括桥驿镇的黑麋峰、茶亭镇的九峰山和丁字街道的丁字湾等地。低山见于茶亭镇和桥驿镇，岗地广泛分布于低山、丘陵的前沿和江湖沿岸。成土母质多为花岗石，面积达 14.5 万亩（9670 公顷），铜官、茶亭、桥驿三镇第四纪红土面积约为 15.6 万亩（10400 公顷），占该区面积的 67%，并间有板页岩和湖中沉积物，全区海拔最高处黑麋峰位于本区的桥驿镇境内。

中部丘岗区。该区东部、南部与长沙城区部分的岳麓区接壤，西与宁乡毗邻，包括白箬铺镇、黄金园街道及乌山镇部分地区，海拔大都在 100 米左右。本区山地与旱土约为 25 万亩（16700 公顷）。

西南低山丘陵区。该区位于区西南部，紧靠宁乡，包括白鹤山、狮子山和乌山。区内低山、丘陵、岗地、间山盆地俱全，而且低山与丘陵交错，一般海拔在 400 米左右，低山的主要组成物质为石英砂岩，岩性坚硬，抗蚀性强，山坡中上部风化层厚度一般为 1~1.5 米，低山地区的相对高度为 200~300 米，小丘的相对高度为 200 米以下。

东南平岗区，与长沙城区部分的岳麓区。该区内丘陵、岗地、间山盆地、溪谷平原齐全，且交错排列，成土母质多为石英岩沙和第四纪红土，间或有紫色页岩和板页岩。

三、水体

望城水资源丰富，地表径流量历年平均值 26.98 亿立方米。

河流：境内河流为湘江及其支流，以湘江河为界，从河西流入湘江的有柳林江、撇洪河、沩水河、八曲河、马桥河、大泽湖水系、龙王港和观音港，其中最有名的为沩水河。从湘江东岸流入的有黄龙河、石渚河与霞凝河。

湖泊：较大的湖泊有团山湖、天井湖和格塘水库，其他库容量 100 万~1000 万立方米，黄金乡的观音岩水库、茶亭镇境内的茶亭水库都很有名。

图 1-2 望城河湖

1. 乔口河

乔口河在长沙市西北 45 千米，湘江之西，地处望城、湘阴两县交界处，为水路入长沙必经之地。明《一统志》云："自益阳县界入湘江，即高口水也。"《明史·地理志》则云："长沙县西北有乔江与资江合流处。"唐大历三年（768 年）大诗人杜甫从岳阳溯流至乔口，进入长沙境内，在这里写下了到长沙的第一首诗《入乔口》。

2. 沩水河

沩水河，又名"沩水"，古名"玉潭江"，发源于湖南省宁乡县的沩山，自西向东流入望城区境内，于新康乡与高塘岭街道交界处汇入湘江，全长 144 千米，流经面积 2750 平方千米。

3. 团头湖

团头湖是一个天然湖泊，历史悠久，四季风景秀丽，邻近高乔大道，水陆交通便利，总水面近 1 万亩，长达 8800 多米，宽约 600 米。东起靖港樟木古桥，西至马转坳古闸，南连宁乡左家山果园，年产鲜鱼 3000 担。湖内有仙泥墩、48 咀等自然景观，其美丽的神话传说，举不胜举。相传八仙之一的吕洞宾，飞渡洞庭湖时，到达团头湖，观其山清水秀，环境优美，便停下来歇息，从其木屐上掉下一块泥土至团头湖中，便成了今日的仙泥墩。

四、矿藏

全望城物华天宝，资源丰富，素有"陶瓷之乡"、"麻石之乡"、"鱼米之乡"的美称。已探明的矿产资源有花岗石、陶泥、石灰石、矽砂、煤、黄金等。其中，丁字湾一带的花岗石，储量 70 多亿吨，其特点是耐酸耐磨，抗压力强，适用于工业和建筑用材，享誉海内外；铜官陶泥，细腻洁白如粉，储量 5000 万吨，出土文物证实，该地制陶业在唐代已盛行，产品上烧有"天下有名"、"天下第一"等字样。矽砂储量上亿吨，畅销全国 20 多个省市；石灰石储量亦过亿吨，是生产石灰、水泥、电石的主要原料；乌山的青石，沩水、沙河的河砂、卵石更是储量丰富。

五、气候条件

望城区属中亚热带季风湿润气候，气候温和，热量丰富，年平均气温 17℃，降水量 1370 毫米，日照 1610 小时，无霜期 274 天。1 月为一年中气温最低的月份，平均气温为 4.4℃，7 月为一年中气温最高的月份，平均 30℃。

六、动植物资源

望城黑麋峰因山势险峻，气候宜人，生态保护有独特的自然条件。山上已发现有狐狸、山猪、野猪、野猫、狗犴、白面子、刁鼠、冰狸、猫头鹰、红腹锦鸡、鹧鸪等100 余种野生动物。

区内植被以亚热带常绿针阔叶林为主，树种资源丰富，自然生长和引进栽培树种70 科、274 种，竹类 7 种，主要林木有杉、松、樟、椿、柑橘、楠竹等，森林覆盖率达 33.8%。

任务二
望城经济环境概述

图1-3 望城经济开发区

改革开放以来，望城区经济取得了令世人瞩目的成绩。在农业建设方面，望城的种植业主要有水稻和经济作物，经济作物则以蔬菜、水果和茶叶为主，经济林木有油茶、茶树和柑橘。另外，该区的畜牧业生猪养殖为传统优势，年出栏生猪超过100万头，另外耕牛、山羊养殖平原地区也比较普遍。淡水渔业养殖发展较快，全区年产鲜鱼超过1万吨。工业方面，该区主要的工业有建材、食品加工、化工、机械、电器、轻纺、造纸、印刷、服装、工艺制品和陶器生产等。

一、农业

区境农业，以种植业、畜牧业为主，其依次为副业、林业、渔业。区内盛产稻谷，历来为"鱼米之乡"，现为全国商品粮基地之一，被国家定为洞庭湖区农业综合开发县和"三元结构"（粮食作物、经济作物、饲料作物）种植试点县。2003年，全县农林牧渔业完成总产值 182426 万元，其中农业总产值 94500 万元，林业总产值 4536 万元，牧业总产值 72789 万元，渔业总产值 10601 万元。全区农产品产量分别为：粮食合计产量 468073 吨，油料产量 2603 吨，黄红麻产量 23 吨，茶叶产量 542 吨，柑橘产量 7934 吨；林产品产量分别为：木材采伐量 1.20 万立方米，竹材采伐量 158.00 万根；畜产品及水产品产量分别为：大牲畜年底有 20866 头，猪、牛、羊肉产量 65908 吨，水产品产量 15665 吨。

二、工业

望城区以建设现代化公园式城区为目标，始终坚持"工业兴区、园区兴工"战略，加速推进新型工业化，工业经济主要指标增幅位居全市前列，连续三年被省委、省政府授予"全省加速推进新型工业化一等奖"。全区工业经济呈现以下特点：

（1）工业总量不断壮大。2012 年，全区完成工业总产值 667.2 亿元，增长 19.3%；完成规模工业产值 534.5 亿元，增长 23.1%，规模工业总量是 2006 年的 5.9 倍。

（2）工业比重大幅提高。2012 年，完成工业增加值 222.7 亿元，工业在 GDP 中的比重由 2006 年的 40.8% 提高到 57.5%。2012 年，工业对全区经济增长贡献率达 67.2%。

（3）园区建设不断加快。初步形成以经开区为龙头，铜官循环经济工业基地、乌山中小企业园为两翼的工业空间布局。望城经开区建成面积超过 20 平方千米，2012 年实现规模工业产值 341.5 亿元，占全区的 63%。

（4）产业结构明显优化。2012 年，食品医药、有色金属、机械制造、电力能源、印刷包装等主导产业完成产值 443.8 亿元，占全区规模工业产值的 83%，有色金属、食品医药产值位居全省前列。产值过亿元企业 93 家，过 10 亿元企业 7 家，晟通科技成为首家百亿企业，年产值达 136.8 亿元。

（5）发展质量整体向好。2012 年，工业企业实缴税金 14.8 亿元，占财政总收入比重 39.5%，纳税过千万元工业企业 16 家，其中，湖南旺旺、长沙电厂、金龙铜业 3 家入库税金过亿元。规模以上企业吸纳劳动力 3.4 万人，占城镇就业人员 30%。实现高新技术产值 210 亿元，占工业总产值 31.4%。拥有澳优、泰嘉、派意特等中国驰名商标 14 个，组建市级以上工程技术研究中心 15 个，拥有高新技术企业 33 家，24 个项目荣获国家、省、市科技进步奖。

（6）发展后劲持续增强。2012 年，全区完成工业投资 175.9 亿元，占全社会固定资产投资的 52.3%，航天磁电、中航起落架、中石油长沙油库、高星物流等项目竣工投产，旺旺乳饮、湘江涂料、长缆电工、万家乐、盈成油脂等一批项目加快建设，新的工业增长点不断涌现。

为进一步提升工业主体地位，明晰发展思路，加快工业发展速度，望城区先后召开了以"新型工业化"为主题的区委全会和政府全会，明确提出要坚定不移地将推进新型工业化作为区域发展的着力点和支撑点，始终坚持工业园区的主导和主体地位不动摇。同时，区委、区政府出台了《关于加速推进新型工业化的实施意见》，从政策、资金、组织领导、工作机制、人才支撑等方面为加速推进新型工业化提供了强大保障。这一系列举措，更加坚定了园区、企业主体的发展信心，必将推动望城区工业经济迈上新台阶。

工业兴则望城兴，工业强则望城强。望城工业承载着跨越发展、富民强区的重任。展望未来，在加速推进新型工业化进程中，望城将进一步强化工业主导，加快转型升级，全力打造望城工业升级版，为建设宜业宜居、共建共享的现代化公园式城区提供强有力的产业支撑。

三、交通

望城区位优势得天独厚，是充满潜力的枢纽之城。望城位于湘中东北部，与长沙、岳阳、益阳三市交界，距长沙市政府 15 分钟车程，距黄花国际机场 40 分钟车程，地处泛珠三角和长三角腹地中心位置，是省会长沙的新城区，全境已纳入长株潭"两型社会"综合配套改革试验核心区、长沙大河西先导区和环洞庭湖生态经济圈范畴，区位优势独特，交通便利快捷。

1. 铁路

京广铁路从望城区东北过境，长度约为 30 千米；长石铁路贯穿东西，与京广线相连，长度达 31.2 千米。

2. 公路

京港澳高速复线、绕城高速、长常高速、319 国道已成为望城区对外联络的交通主动脉。

芙蓉大道、湘江大道、潇湘大道、黄桥大道、雷锋大道、金星大道等国省干道纵横交错，并与省会主城区全面对接。

三汊矶大桥、月亮岛大桥、湘江长沙综合枢纽大桥、京港澳高速复线洪家洲大桥将湘江两岸连接，提供了快捷、便利的过江运输通道。

3. 水运

河网为湘江及其支流沩水河和靳江河，通航总长度达 68 千米，可以停靠 1000 吨的泊位。

4. 市内公共交通

（1）地铁。长沙地铁四号线起始于望城城区——高塘岭，经长沙主城区终止于长沙火车南站（武广高铁火车站）。

（2）公交。与长沙市区实现了公交无缝对接，长沙 903 路、长沙 918 路、长沙 907A 路三条公交线路直通长沙市区。

任务三
望城人文环境概述

一、历史沿革

望城，古为荆楚地，自秦、汉设郡、县，经三国、晋、隋、唐及五代，历为长沙郡、长沙国、长沙县辖县；至宋元符元年（1098 年），经元、明、清各朝，县境分属长沙、善化两县。

1951 年，从长沙县境划出湘江以西及湘江东岸北部部分地区置望城县（建县时因县治设于今岳麓区北麓望城坡，故名望城县。县政府所在地为高塘岭镇）。

1959 年撤销望城县并入长沙县。

1977 年恢复望城县建制。现隶属长沙市。县人民政府驻城关镇。距省会长沙市 26 千米。辖城关、丁字、铜官、靖港、乔口、坪塘 6 镇及 30 乡，25 个居民委员会，451 个村民委员会。

1996 年 4 月 22 日，国务院批准（国函〔1996〕29 号）将望城县的霞凝乡划归长沙市开福区管辖。

2000 年，望城县辖 15 个镇、4 个乡，总人口 686349 人。

2011 年 6 月，撤销望城县设立长沙市望城区，今望城区址为高塘岭街道。

二、风土人情

1. 剪纸

望城剪纸的传统题材广泛，多采用寓意、象征、比喻、衬托的手法，取材于常见的花、草、虫、鱼、兽、人物等，并进行多层次的组合表述。

一是祝愿夫妻感情和谐，家庭生活美满。"鸽"字在南方方言中与"合"同音，象征夫妻感情永久和美，"鱼水和合"、"鸳鸯喜和"。

二是祈求家庭吉祥平安。以凤鸟居多，反映了楚湘先民对太阳崇拜，民间认为凤鸟是太阳里的神鸟，认为"凶"和"祸"都是"神作鬼使"。平安吉祥图案大量使用，具有某种避凶避祸的符咒作用，这是崇巫信鬼观念的反映。

三是祝愿新人婚后多子多福，人丁兴旺。这类题材的内容已逐步淘汰。

四是吉庆祝福，有"鲤鱼跳龙门"、"福寿双全"、"福寿平安"、"福寿三星"、"喜鹊闹梅"、"喜报珠园"、"八仙庆寿"等。

望城剪纸工艺，有单用剪刀的剪纸和单用刻刀的刻纸，也有刀剪并用，小块的挖空用刻刀，长线条和外轮廓用剪刀。

剪纸的刀法自由，画面粗放，刻纸线条严谨，细巧精致，构成望城剪纸独具一格，具有强烈的装饰性和优美清秀的艺术特色，在国内剪纸艺坛上占有一席之地，而且声名远播，传向海外。

图1-4　望城剪纸

2. 皮影戏

长沙地区曾流行一句谚语："河西班子，浏阳鞭子。"这句话是说长沙河西（今其地多在望城境内）的皮影戏班社如浏阳鞭炮一样，都很闻名。

望城皮影戏，在清代已负盛名。望城皮影的造型颇有独特之处：他地皮影"靠子"大都前脚长，望城则是后脚长，操作表演起来，更显武将凛凛威风；他地皮影脸谱大都采用"五分式"（只看到一只眼睛），望城皮影脸谱则可看到一只半眼睛的"七分式"，故而人物表演更加逼真。

新中国成立前，今望城全境各乡遍布皮影戏班，共计约百个之多，良好的艺术氛围造就了一批在国内外颇具影响的皮影艺术家。新中国成立后组建的湖南军区洞庭湖湘剧团灯影队（今湖南省木偶皮影艺术团前身）的皮影艺术骨干，大都为望城人。已故皮影艺人夏少春，是今望城区莲花桥镇龙洞村人，其所塑造的《鹤与龟》、《两朋友》等剧中的鹤、龟、熊、猴等精美皮影形象，深为国内外行家所惊叹。1958 年，因他曾受命赴蒙古人民共和国帮助组建皮影剧团，荣获"蒙古人民共和国国家荣誉奖"，他是新中国委派出国任教的第一位皮影艺术家。

现仍健在的 90 岁高龄的皮影艺术家何德润，是望城区白箬铺镇排子山村人。1949年入湖南军区洞庭湘剧团灯影队后，与其他艺人一起，改进皮影人物造型，扩大窗幕，创造移动布景，改用多个光源，使窗幕上不见操纵杆。20 世纪 50 年代曾两次被选调参加中国木偶皮影艺术团赴东西欧 10 多个国家演出。他制作的一些皮影人物今天仍收藏在莫斯科木偶剧院博物馆里，何德润被誉为"东方杰出的傀儡艺术家"。

图 1-5 望城皮影戏

3. 花鼓戏

长沙地区流传最广的地方剧种，起源于民间歌舞——地花鼓，以长沙话为统一舞台语言，具有鲜明的地方特色，浓郁的生活气息。曲调多样，诙谐朴实，戏剧台词采用人民群众的口头语、歇后语，生动、明快、幽默。表情动作活泼自由，接近生活，不受程式的约束，且有一些独特的舞蹈身段。望城花鼓戏剧团成立于 1949 年，40 多年坎坷岁月里，共演出传统剧目 250 多个，现代剧目 120 多个。20 世纪 70~80 年代《春草闯堂》、《泪洒相思地》轰动湖南，创长沙市戏曲舞台空前纪录。近年来虽受花鼓戏不景气冲击，但望城花鼓戏剧团仍保持一定的实力，极力保护传统剧目，以飨观众。全区各乡、村大都有些打击乐器和大筒等弦乐。不少业余花鼓戏爱好者，每逢喜庆、丧事、乔迁，便聚集在一起，唱起"地花鼓"，群众喜闻乐见。

4.民间灯彩

灯彩是望城普遍流行的民间工艺品，在节日和喜庆时悬挂于门首和厅堂，以渲染气氛。相传始于西汉，以后历代都有制灯工艺。民间艺人利用本地所产竹、木等材料，制成各色花灯，加以彩绘或刺绣装饰，结构精巧、古朴雅典、美观大方。

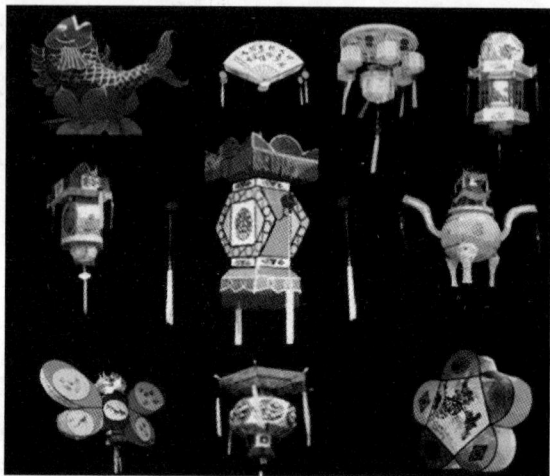

图1-6　望城民间灯彩

望城流行的灯彩主要有：

走马灯。是民间纸扎艺术，是用篾做骨架，用彩纸糊成方形或圆形的灯笼，用纸片剪成人、马，贴在纸轮上，把纸轮安放在灯笼中间。利用灯光热气，冲动纸轮旋转，于是，人和马具有动感。

宫灯。是特种手工制品。它以雕竹、雕木、雕漆、镂铜等框架，镶以绢纱、玻璃或牛角片，加以精致彩绘或嵌以翠玉珠宝。现今采用铝合金等金属，有机玻璃璐珞、塑料等新式材料制作。宫灯是一种豪华照明艺术装饰。

花灯。是民间各种艺术灯笼的总称。望城区流行的有各种几何形、动物抽象形等象征吉祥花灯，一般用于民俗节日。

三、主要特产

1. 湘绣

湘绣是湖南的一种传统手工艺品。在望城农村流传尤为突出，经久不衰。湘绣构图优美、绣艺精湛、色彩鲜艳、风格豪放，与苏绣、粤绣、蜀绣并誉为中国四大名绣。有"超级绣品"之誉。湘绣起源于湖南民间刺绣，已有 2000 多年的历史。1958 年长沙出土的公元前 5 世纪以前的楚墓中，就有精致的龙凤刺绣品。1972 年马王堆出土的距今 2100 多年的西汉古墓随葬物中，有更多的绣衣、绣料。1898 年前后，许多优秀画师参与湘绣技艺的改革，使湘绣进入了新的发展阶段。

湘绣是以丝线在绸缎等高级材料上绣制而成的精细工艺品。它同其他刺绣工艺品一样，既具有以绘画为基础，运用各种针法与色线刻画形象的共性，又有其显著独特特点，即强调用概括、写实的手法，突出绣线的光学特性，抓住本质，精细入微地刻画物象的外形和内质，以造成"远观气氛浓厚，近看出神入化"的艺术效果。湘绣的画稿以中国画为基础，"以针代笔，以线景色。"在针法上，以掺针为主，现已发展到有 70 多种针法，以表现不同物象、不同自然纹理的特点。在绣线上，运用丰富多彩的色彩，十分强调色级变易，明暗自然变化。一幅优秀的湘绣作品，能融汇我国传统的绘画、刺绣、诗词、书法、金石艺术于一体，使诗情画意溢于针线之间。高超的艺术境界，真有绣鸟鸟语，绣花花香之妙。

湘绣的名牌产品——狮、虎，在国际上享有很高声誉，被视为艺术珍品。用湘绣特有的毛针绣的老虎，体毛宛然有根，像长着的活毛，质感很强，毛下筋骨雄健。再配以"虎视眈眈"的双眼，把猛虎的粗犷神威刻画得淋漓尽致，无怪乎这种绣品在国外被称为"巧夺天工"。

近年来，湖南省湘绣研究所的艺人在艺术上孜孜追求，创造出了难度更高的"双面异色绣"。它是在一块透明的绣料上，一次绣成两面完全一样的、两面同形异色的，甚至两面异形异色的作品。刻画人物神态精细入微，绣面不露针痕，转动框架，宛如立体雕塑。在国际展览中，轰动一时，被赞为"魔术般的艺术"。

图 1-7 湘绣座屏

湘绣产品分日用品和欣赏品两大类。如作为大型客厅陈设的气势宏伟的大中堂、大挂屏，小客厅挂的小幅条屏，书案上摆设的精致小巧的座屏，沙发上铺的华丽椅垫、靠垫，床上用的雅致床罩、被面，妇女们穿的绣花礼服，梳妆用的镜套、披肩，外出用的提包及绣花睡衣、晨衣，小孩用的披风，等等。湘绣画面有花鸟、走兽、人物、山水、虫鱼、书法、肖像等。不论工笔画，还是兼工带写画、版画、水彩画、油画、照片、无不可以刺绣。

2. 棕编

长沙地区的传统工艺品是用棕榈叶编成的各种动物，种类很多，如鸟、虫、鱼、虾、鹤、蛇等，形象逼真，栩栩如生。曾参加德国莱比锡世界博览会，人们赞叹它"不可思议"，法国艺术馆特意收购珍藏。棕榈为常绿乔木，望城湘江东及长沙县农村各地都有种植，艺人们采集棕叶，编织成各种小动物，成为"江南一绝"。

图 1-8 望城棕编

3. 铜官陶瓷

距长沙铜官古窑 2 千米的湘江下游，有一座小集镇叫铜官镇，这里山峦起伏，陶瓷资源丰富，是我国著名的陶瓷产地之一，有"陶都"之称。铜官陶瓷，历史悠久，在马王堆汉墓中就有铜官的陶制品。至唐代陶业生产达到极盛，生产的陶制品有 100多种。产品器物以釉下彩为主要特征，同时与贴花、印花、雕塑、刻画等技艺结合。当时这里生产的陶器经丝绸之路运往国外。铜官陶业虽然历史悠久，却到新中国成立以后才呈现出欣欣向荣的景象。旧时落后的龙窑，已被先进的隧道窑、方窑和圆窑所代替。现在铜官陶器分建筑用陶、日用陶和美术陶三类。其中，建筑陶中有翠绿欲滴的琉璃瓦，挺拔秀丽的竹节，精巧玲珑的花窗，五彩缤纷的雕栏以及造型优美的麒麟、狮、虎、龙、凤和玉兔等，特别是各种陶制建筑构件，用以组装楼台亭榭，铺设通幽曲径，具有浓郁的东方艺术魅力。日用陶瓷讲究款式新颖、系列配套、设计精巧、美观实用。有花枝俏丽的食品缸、小巧精巧的旅行，蒸饭、炒菜、盛菜用的三用钵，配套齐全的酒具、茶具等。特别是仿古茶具，釉以琉霞，风格别致，既是茶具，又是古玩，实用鉴赏兼备。翡翠"绣墩"、"寿星"及"财神"、"太白醉酒"等艺术陶品，令人十分喜爱。1976 年研制成功的炻瓷，它是以精制陶土作胎，用制瓷工艺加工，外面采用彩釉装饰的新型产品，细腻如瓷，润泽如玉，坚固如石，耐跌打碰撞和高温蒸煮，此种杯盘碗碟跌落地上，可完好无损，且不含镉、铅之类有毒物质，深受中外各界的欢迎。

图 1-9　铜官陶瓷

4. 糯米粽子

糯米粽子是民间的风味小吃，糯米 1000 克，纯碱 3 克，鲜蓼叶 500 克，白糖适量。将糯米淘洗干净，浸泡时，取出搅拌。将鲜蓼叶用开水煮十分钟，剪去蒂，将大小叶搭配好叠成"十"字架，用绳捆成把，放在清水中泡四五个小时，去除涩味。然后将蓼叶折成三角形斗状，灌入糯米，包成菱角形，用细麻绳扎紧，入锅煮两小时左右，熟透后拌白糖食用，其味清香可口。现在还有加入绿豆、红豆、莲仁、火腿肉等多品种的。粽子在长沙望城区是五月端午节的节日食品，吃粽子也是纪念伟大爱国诗人屈原的传统习俗，表示对屈原的祭奠。

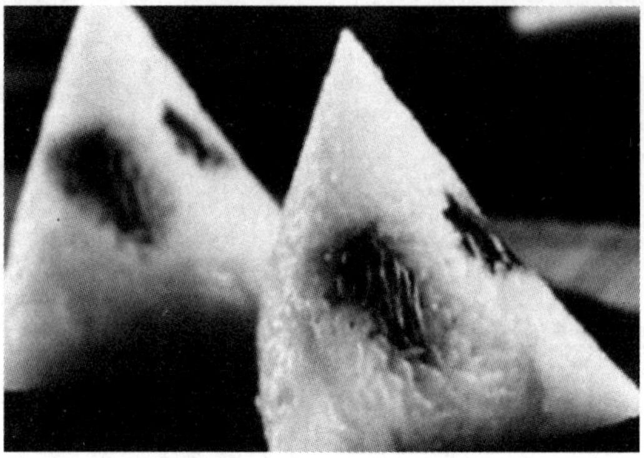

图1-10 望城糯米粽子

5. 湘粉

湘粉，又名"南粉"，因产地在湖南而得名。望城区湘江西岸是主要产区，人们又称做"西粉"。望城区制作湘粉已有400多年的历史。它与山东的龙口粉，北京的清河粉同享盛名，畅销国内外市场。湘粉是以蚕豆、川豆、绿豆、饭豆、赤豆、四季豆等作原料，又以蚕豆为主。不论采用哪种豆类，都必须以少量的绿豆作芡粉，才能做出优质的粉丝。它的生产过程要经过泡、磨、洗、炕、晒等。

湘粉营养丰富，烹调简便，味道鲜美，既柔软，又爽口，是人们喜爱的一种名菜。佳节喜庆，常有湘粉上席。现在生产的湘粉，丝条均细，洁白透明，拉力强，耐煮等优点。包装讲究，携带方便，畅销国内外。

6. 格塘毛尖

格塘毛尖产于望城区格塘，此茶在谷雨前采摘鲜叶，做工精细，外形均整，色泽翠绿，白毫显露，叶片柔软，香味持久。

7. 姜盐芝麻豆子茶

望城区铜官、靖港一带爱吃姜盐芝麻豆子茶，是民间一种风俗习惯。将生姜（捣碎）、（少量）食盐、炒熟的芝麻、黄豆或黑豆倒入茶罐内，然后手提茶罐摇匀倒入茶杯待客，香脆可口，味胜"湘西擂茶"。

图 1-11　姜盐芝麻豆子茶

8. 黑麋峰云雾茶

该茶产于望城区旅游风景区的黑麋峰，茶味独特，清凉可口，回味无穷，色泽清晰，叶枝细腻，但产量不高，受地势条件所限，当地人们用作招待上乘之客，昔日用作贡品。

9. 丁字湾麻石

产于望城区湘江东丁字湾一带，麻石（又名花岗岩）质地坚硬，色泽鲜明，是制作雕塑和建筑材料的上乘材料，20世纪初就远渡重洋销往伦敦。

项目小结

望城区是湖南长沙市辖区，本项目介绍了望城地理环境、经济环境和人文环境，使学生对望城整体环境有一定的了解，为更深入了解望城旅游经济地理打下基础。

☞ **主要概念**

望城　望城地理环境　望城经济环境　望城风土人情　望城特产

☞ **项目练习**

（1）再次通过录像、视频了解望城的整体概况。

（2）分组讨论以下几个问题：

1）望城地理位置。

2）望城有哪些资源？

3）望城人文环境有什么特点？

（3）每人创作一篇介绍望城的导游词，分小组进行评改，再由老师指导和评审。

☞ **任务评价**

任务测评表

评价方面	模块评价内容	分值	自我评价	小组评价	教师评价	得分
理论知识	①					
	②					
	③					
	④					
实操技能	①					
	②					
	③					
	④					

续表

评价方面	模块评价内容	分值	自我评价	小组评价	教师评价	得分
学习态度	①					
	②					
	③					
	④					

延伸阅读

这是一方神奇美丽的灵秀之地

望城，历史悠久。区境古为荆楚之地，自秦、汉设郡、县，经三国、晋、隋、唐及五代，历为长沙郡、长沙国、长沙县辖境；至宋元符元年（1098年），经元、明、清各朝，县境分属长沙、善化两县境地。1951年正式设立望城县，1959年又并入长沙县。1977年，望城县恢复建制。2011年6月，撤销望城县设立长沙市望城区。

这里，古迹众多，环境优美。距今3000年的团头湖遗址群、春秋战国时期的楚国村落遗址，见证着远古的文明；被誉为世界釉下彩陶瓷发源地、海上丝绸之路起点的长沙铜官窑遗址，书写着盛唐的辉煌，它神奇的釉下多彩的发现，使我国陶瓷使用此法的历史向前推进了400多年。境内谷山与南岳衡山、岳麓山一脉相承，四季苍翠；县境东北黑麋峰，云雾长封；书堂山下洗笔泉，系欧阳询父子习字洗笔之处，墨云浮水，景物依然；湘水迤逦北去，月亮岛横卧江心，宛如一弯修月，与橘子洲交相辉映。境内还有乌山、大王山等山峰近两百座，团头湖、千龙湖等湖泊近百处，满目葱茏的山陵映衬着清新秀美的水乡，构成一幅绝佳的山水图画；美不胜收的自然生态景观让人领略醇美的湖湘神韵。这里有倡导"和谐社会、从心开始"的洗心禅寺，是原全国佛教协会会长一诚大师的剃染之地；有湖南唯一的五星级生态酒店——普瑞温泉酒店、湖南唯一的国际标准灯光球场——龙湖高尔夫球场和四季飘香的百果园、锦绣山庄、千龙湖等休闲度假胜地，还有镶嵌在山水间的数百处农家乐，无不让人们流连忘返，沉醉不知归路。

这里，物华天宝，资源丰富，素有"陶瓷之乡"、"麻石之乡"、"鱼米之乡"的美称。已探明的矿产资源有花岗石、陶泥、石灰石、矽砂、煤、黄金等。其中，丁字湾一带的花岗石，储量70多亿吨，其特点是耐酸耐磨，抗压力强，适用于工业和建筑用材，享誉海内外；铜官陶泥，细腻洁白如粉，储量5000万吨，出土文物证实，该地制陶业唐代已盛行，产品上烧有"天下有名"、"天下第一"等字样。矽砂储量上亿吨，畅销全国20多个省市；石灰石储量亦过亿吨，是生产石灰、水泥、电石的主要原料；乌山的青石，沩水、沙河的河砂、卵石更是储量丰富。全县主要的树种有杉、竹等50多个品种，水产品种类百余种，能入药的中药材200多种。

这里，区位优势独特，基础设施完备。区境扼湘西北门户，紧邻省会长沙，北连浩瀚洞庭，南望麓山毓秀。境内路网密布、交通畅达，京广线纵穿南北，石长线横贯东西，京珠高速、长常高速、319国道和众多省道、区道与长沙城区路网无缝对接；区域距长沙市区仅16千米，距黄花国际机场不到40千米，湘江千吨级码头可通江达海。电力供应充足，建有500千伏变电站1座、220千伏变电站2座、110千伏变电站7座。县城日供水能力15万吨，已投入使用的污水处理厂日处理能力8万吨。固定电话、移动通信和宽带网络覆盖全县所有乡镇，与省会长沙同网同价。享有香港"地产之王"盛誉的和记黄埔地产、佛山玫瑰园、深圳南山地产、香港悦禧和中粮地产等巨擘纷纷入驻，在望城大地勾画出最大手笔、最具品质的人居胜景。依托中南地区重要的智库岳麓山大学城，发展多层次的技能教育培训体系，能够满足从顶尖的科技专家到普通的一线工人的人力资源需求。

这是一块激情四射的发展热土

开放进取、敢为人先的望城人民抢抓机遇、乘势而为，实现了由农业主导型经济向工业主导型经济蜕变，建立了以工业园区为载体，第二、第三产业优先发展，第一、第二、第三产业并举的新格局，县域经济步入了持续、快速、健康的良性发展轨道。尤其是近几年来，望城贯彻落实科学发展观，按照"全力打造新城区、实现三年大变样"的目标定位，大力实施"工业主导、城乡统筹"发展方针，加速推进新型工业化、新型城市化、农业现代化，县域经济综合实力进入湖南各县（市）第一方阵，连续四年跻身"全省三强县"、名列"中部十强县"、全国百强县。2008年，全县完成地区生产总值194亿元、全社会固定资产投资159.69亿元；财政总收入17.06亿元，其中地方财政一般预算收入9.96亿元；城乡居民人均可支配收入分别达到16867元和7757元。在经济发展取得飞跃进展的同时，望城各项社会事业长足发展，荣获全国科技进步先进县、全国学雷锋先进县、全国婚育新风进万家先进县、全国计划生育优质服务先进县、全国生态示范区、湖南"普九"巩固提高先进县、湖南文化先进县、省级文明县城、省级卫生县城、全省社会治安综合治理红旗单位等荣誉称号。

望城坚持"融城强县"发展战略，利用近城优势壮大自身发展。为把区位优势转化为经济优势，望城确立了"建设新城区"发展目标和"融城强县"发展战略，从观念上、产业上、经济上与城区融合，不断增强综合实力和发展后劲。该县以交通路网建设作为实施"融城强县"战略的突破口，相继投资20多亿元，新修改造县乡公路500多千米，提前三年实现村村通水泥路目标，形成了以数条融城主干道为骨架、县乡公路四通八达的交通网络，开通了县城至市区的公交车，成功打造了望城全域与省会长沙"半小时交通圈"。在城镇建设上，望城累计投入建设资金31.8亿元，新增城镇建成区25.4平方千米，有4个乡镇进入国家和省、市重点示范集镇行列，基本形成了环绕省会、多点对接的小城镇建设格局。全面完成城网改造，率先全省各县（市）开通天然气，按主城区配套标准建成县污水处理厂，供水、通信、有线电视等基础设施配套同步跟进。规划建设中的湘江航电综合枢纽将湘江西岸的湖南望城经济开发区与东岸的金霞物流保税区、京广铁路货运枢纽长沙北站和日吞吐量10万标箱的霞凝新港码头连为一体，强大的交通、物流承载能力成就了境内企业的强势竞争力。

望城坚持"工业主导、城乡统筹"发展方针，按照"工业兴县、园区兴工"的思路，建起了全国首批国家级农业科技园区之一的望城国家农业科技园和全国第一家、全省唯一的食品工业园区——湖南省高科技食品工业基地及全省最早的台商投资区。近年来，入驻望城投资兴业的企业已达600多家。

项目二　红色旅游

☞ **知识目标**

（1）了解什么是红色旅游。

（2）了解雷锋纪念馆、郭亮烈士陵园景点知识。

（3）了解雷锋纪念馆和郭亮烈士陵园的文化内涵。

☞ **能力目标**

（1）熟悉雷锋事迹及与雷锋有关的故事，并能够熟练、流畅地讲解。

（2）熟悉郭亮故事并能够熟练、流畅地讲解。

（3）熟悉各景区景点，并能回答有关问题。

☞ **素质目标**

（1）爱岗敬业，工作态度热情，具有较强的应变能力。

（2）语言流畅、服务用语规范、普通话标准，能与顾客较好地沟通。

（3）仪表端正、行为举止文明规范。

🏠 **任务导入**

　　从小我们就一直听到老师和家长说："学习雷锋好榜样。"但是雷锋到底是何许人也，我们也许并不清楚。望城被称为雷锋的故乡，那么到底有多少关于雷锋的故事流传于街头巷尾呢？通过这一项目的学习，我们应该知道：

（1）什么是红色旅游?

（2）你知道望城为什么要发展红色旅游吗? 优势在哪里?

（3）望城有哪些红色旅游景点?

☞ **任务过程**

旅游多媒体教学，播放视频和图片，学习以下内容。

|任务一|
望城红色旅游概述

红色旅游主要是以中国共产党领导人民在革命和战争时期建树丰功伟绩所形成的纪念地、标志物为载体，以其所承载的革命历史、革命事迹和革命精神为内涵，组织接待旅游者开展缅怀学习、参观游览的主题性旅游活动。

红色旅游是把红色人文景观和绿色自然景观结合起来、把革命传统教育与促进旅游产业发展结合起来的一种新型的主题旅游形式，既可以观光赏景，也可以了解革命历史，增长革命斗争知识，学习革命斗争精神，培育新的时代精神，并使之成为一种文化。

长沙红色旅游资源丰富，望城是雷锋家乡，雷锋品牌是世界独一无二的红色旅游资源，我们将雷锋概括成"十爱"：爱国、爱党、爱军、爱主义、爱人民、爱岗位、爱学习、爱家人、爱战友、爱帮助人，高度诠释了雷锋赋予的时代内涵。望城应充分利用红色旅游资源，将雷锋从区域思想宣传层面向文化旅游产业进行转变，将红色旅游资源与其他旅游资源进行科学整合，真正实现社会效益、经济效益的高度统一。借鉴井冈山和韶山红色旅游发展的成功经验，望城红色旅游未来的发展应该做到以下四点：

一是树立"雷锋故乡爱心之旅"的区域旅游形象，设计爱心之旅、爱心之城旅游线，吸引广大热爱红色旅游的游客慕名而来。

二是完善旅游六要素，形成旅游产业体系，精心设计旅游商品，增加产品附加值。

三是进行资源整合，区域联动，将长沙、湘潭的红色旅游进行打包，联合韶山、花明楼、岳麓山、橘子洲、望城乡村旅游等景区打造红色、绿色、古色交相辉映的旅游精品线。

四是开展体验式旅游，通过配套雷锋宾馆体验志愿者服务、游客自身参与雷锋情景剧、爱心体验、讲述爱心故事等方式加强学雷锋的实践感。

|任务二|
雷锋纪念馆

图 2-1 雷锋纪念馆位置

图 2-2 雷锋纪念馆鸟瞰图

资料来源：http://www.lvyou.baidu.com/。

一、雷锋纪念馆介绍

湖南雷锋纪念馆，坐落在湖南省长沙市望城区雷锋镇连绵的丘陵间，1968 年 10 月

图 2-3　雷锋塑像

开馆，占地面积 87000 平方米，建筑面积约 10000 平方米，绿化面积约 50000 平方米，集会活动广场面积 20000 平方米。纪念馆是全国青少年德育基地，是省、市、区爱国主义教育基地、国防教育基地和重要的精神文明建设窗口，国家 AAAA 级旅游景区。自 1968 年建馆至今，纪念馆始终坚持社会效益第一的原则，大力弘扬雷锋精神，共接待国内观众 2400 万人次，外出作报告、举办流动展览 5000 多场次，发放各类有关雷锋的宣传资料 150 多万册，发展学雷锋共建单位 200 多家。1991 年 3 月 16 日，江泽民同志专程来馆视察并亲笔题写馆名。

目前，湖南雷锋纪念馆参观的主要景点有：雷锋故居、雷锋生平事迹陈列、领袖名人题词碑廊、雷锋塑像广场、长沙国防教育馆、十大元帅广场等。馆内环境优美，设施齐全，内容丰富，正朝着集参观学习、主题教育、红色旅游于一体的社会公益性纪念馆发展。

全馆展室陈列面积 1500 平方米，通过文物和照片全面系统地介绍了雷锋同志生前的模范事迹和全国人民学雷锋的典型事例，是对人民群众，特别是青少年进行共产主义教育和革命传统教育的课堂。馆内藏有毛泽东、刘少奇、周恩来、朱德、江泽民、李鹏、杨尚昆等 20 多位党和国家领导人号召全国人民学雷锋的题词。

图 2-4　雷锋纪念馆内景

二、雷锋纪念馆的文化内涵

雷锋生活成长的年代，正是我国历经沧桑巨变，由半殖民地半封建社会转变为新民主主义社会再转变为社会主义社会的时代。作为一个亲身体验过旧制度剥削压迫的苦孩子，社会主义制度带来的幸福和温暖，使他衷心地拥护党，把自己的一切毫无保留地献给社会主义建设事业。这是他从一个普通的青年成长为共产主义战士的社会基础和主观条件。作为新时代社会道德风尚的产物，雷锋精神体现了社会主义制度对思想道德的要求。公有制的经济制度，人民民主专政的国家政权和以马克思主义、毛泽东思想为指导的社会意识形态，推动着亿万群众破除千百年来私有制和小生产的道德观念，在共同利益和共同目标基础上形成共同的理想道德。在这场发端于社会主义制度的移风易俗、改造社会的伟大实践中，我国社会的精神风貌和人民群众的道德观念发生了巨大的变化。雷锋那种"憎爱分明的阶级立场，言行一致的革命精神，公而忘私的共产主义风格，奋不顾身的无产阶级斗志"，正是集中体现了社会先进的思想道德，它的本质反映了社会主义制度的要求，是新的社会制度在思想道德建设上必然产生的结果。雷锋精神是社会主义文明的象征和人格体现。正因为如此，当 20 世纪 60 年代初雷锋精神出现以后，就立即被全国人民所接受，并迅速成为一种良好、高尚的社会风尚。

20 世纪 60 年代初，毛泽东同志等老一辈无产阶级革命家发出"向雷锋同志学习"的伟大号召，使雷锋精神在教育、激励一代新人中发挥了巨大的榜样作用。40 多年来，"在题词精神的鼓舞下，一个由亿万人民群众自觉参加的学雷锋活动在中华大地上蓬勃发展，促进了整个社会道德风尚的提高。雷锋这个光辉的名字和他崇高的精神品格，在历史发展中始终焕发着光彩。人们越来越深刻地认识到雷锋精神的价值，更加珍惜这笔宝贵的精神财富，更加努力在实践中学习和发扬雷锋精神。"（胡锦涛语）雷锋事迹虽然已成为过去，雷锋故居虽然依旧，但它所蕴含的教育价值和社会教益功能却是永恒的。所以，早在1993年3月5日，胡锦涛同志就深刻指出："一个只有22年短暂生命的普通共产党员，能够赢得亿万人民如此崇高和长久的敬意；一个普通的战士所表现的高贵品质，能够激励几代人的健康成长；一个群众性的活动，能够在几十年历史进程中延续不断，影响一个时代的社会风尚，这表明雷锋精神对于我们这个民族和社会过去具有、现在仍然具有重大价值和时代意义。"

雷锋精神鼓舞着几代人。一个普通的士兵，能以自己崇高的精神，平凡的事迹载入史册并给历史以永恒的影响，当属雷锋一人，特别是党的三代领导人为其题词，这在历史上是绝无仅有的。

|任务三|
郭亮烈士陵园

图 2-5　郭亮烈士陵园位置

一、郭亮烈士陵园简介

郭亮纪念园，原名郭亮陵园，位于长沙市望城区茶亭镇郭亮村，是中国共产党早期无产阶级革命家、著名的工运领袖、农运先驱郭亮烈士的纪念地，由郭亮墓、郭亮烈士生平业绩陈列室、郭亮烈士故居等组成。1995 年和 2002 年两次公布为湖南省爱国主义教育基地。

郭亮（1901~1928 年），字靖笏，湖南长沙人。第五届中共中央委员、湘鄂赣边区特委书记、湖北省委书记、代理湖南省委书记、湖南总工会委员长。

1901 年 12 月 3 日出生于望城县铜官镇射山冲上文家坝（今望城区茶亭镇郭亮村）一个农民家庭。1907 年，郭亮在父亲郭弼林的学馆里发蒙读书；1913 年进入西湖寺高等小学；1915 年郭亮考入长沙长郡中学初中部；1919 年他读了毛泽东主编的《湘江评

图 2-6 郭亮烈士像

论》、《民众的大联合》等文章，并特地前往长沙见到了毛泽东，五四运动爆发后，他邀集同学进行爱国主义反帝的宣传；1920 年参加了革命团体新民学会，并加入了中国社会主义共青团；1921 年加入中国共产党；1922 年担任中共湘区委员会委员，领导了粤汉铁路工人大罢工；1923 年被推选为湖南外交后援会主席，湖南省工团联合会总干事；1926 年担任湖南省总工会委员长；1927 年在中共五次全国代表大会上被选为中央委员，"马日事变"后代理中共湖南省委书记，曾与柳直荀同志发动和组织 10 万农军围攻长沙，同年 8 月参加了南昌起义，12 月任中共湖北省委书记；1928 年 1 月任中共湘鄂赣边区特委书记，同年 3 月 27 日因叛徒告密在岳阳被国民党反动派抓捕，29 日凌晨 2 时杀害于长沙司门口湖南"铲共法院"前坪，就义时年仅 27 岁。反动派将郭亮烈士的头悬挂在司门口警亭的墙上。三天后又将头运到铜官，挂在东山寺戏台上"示众"。当晚，群众用木匣子将烈士遗体抢回文家坝，安葬于故居的后山刘家坡，与早年亡故的大哥郭砚章合冢。

新中国成立后，1950 年，郭亮烈士的妻子李灿英同志逝世后与郭亮合葬。1957 年，望城县人民政府为纪念郭亮，采用铜官特色陶瓷修建了烈士墓，树立了墓碑。2001 年为纪念郭亮，望城县人民政府耗资 600 余万元，重修了烈士墓，修通了入园道路，新建了郭亮烈士生平业绩陈列室，修建了牌坊、门楼、围墙等，并征用墓地风景保护林带 44 亩辟为郭亮故居（原名郭亮陵园）。

2011 年为纪念郭亮烈士，望城区委、区政府对故居进行全面提质改造，提质改造项目包括陈列室维修与改造、郭亮故居复原修建、新建管理处接待办公用房建设、新建"郭亮带兵抓郭亮"青铜群雕、修建纪念郭亮烈士诗词书画碑廊、陈列室展陈更新和故居复原陈列、园内环境整治等，提质改造后命名为郭亮纪念园。纪念园现为长沙市望城区重要的革命传统的教育阵地、红色旅游的参观要地、德育教育的活动基地，与铜官古镇、彩陶园景区形成一体，相得益彰，互相呼应，成为河东地区新的亮点。

郭亮烈士陵园的主要景点介绍如下：

1. 郭亮墓

郭亮墓，为郭亮烈士和妻子李灿英合葬墓，坐西北朝东南，三合土墓冢，彩釉琉璃构件墓围，中置花岗石墓碑三通，主碑阴刻楷书 "中共党员——烈士郭亮、李灿英墓"，右侧次碑阴刻楷书"中共望城县委、望城县人民政府立"，左侧次碑记载郭亮烈士生平。另有其兄"郭公砚章之墓" 墓碑保留于主碑西南侧。墓道宽 2 米，花岗石铺砌，两旁松柏交翠，郁郁葱葱，挺拔肃穆。1959 年被公布为省级文物保护单位。1983 年 10 月 10 日，湖南省人民政府重新公布其为省级文物保护单位。

图 2-7 郭亮墓

2. 郭亮烈士生平业绩陈列室

郭亮烈士生平业绩陈列室，2001年修建，占地面积约600平方米，为青砖仿古建筑，由省委原副书记文选德题写馆名，共辟有展室三间。陈列内容共分为五个部分（少年壮志、工运先驱、革命斗士、浩气长存、永恒纪念），陈列主要为图片及说明和部分实物展示，陈列面积为120平方米，陈列室以清新的格调、雅致的布局、丰富生动的内容、珍贵鲜活的图片和实物资料展现了郭亮革命的一生。在郭亮住房复原陈列室内保存着郭亮和妻子结婚时用过的床、茶几、木椅等珍贵文物。

3. 郭亮烈士故居

郭亮烈士故居，原为青瓦土砖房，因地势低洼，水浸坍塌，后于20世纪80年代初按原貌重建，并由前中央领导人陈云题写了"郭亮烈士故居"牌匾。望城区委、区政府于2011年在烈士墓东北角重新复原修建郭亮烈士故居和复原室内陈列。

图 2-8 郭亮故居

二、郭亮烈士陵园文化内涵

年仅27岁就牺牲的郭亮烈士，他的一生是革命的一生，战斗的一生，辉煌的一生，他把智慧、力量、生命全部奉献给了党和人民的伟大事业，我们缅怀郭亮烈士，就是要继承他的遗志，弘扬他的精神，学习他追求真理、坚持理想的坚定信念，学习他勇于担当、甘于奉献的牺牲精神，学习他攻坚克难、敢于胜利的优秀品格。佘汉武

《题郭亮烈士墓》联云：

浩气壮古今，少年头掷地有声，问天下英雄有几；

丹心照日月，七尺身捐躯无悔，唯男儿作事无他。

郭亮被害前，给妻子李灿英写了一封遗书，"望善抚吾儿，以继余志"。表现了他对革命必胜的信心。郭亮是毛泽东的亲密战友，毛泽东在延安谈起郭亮时，赞扬郭亮是"有名的工人运动的组织者"。

项目小结

红色旅游是把红色人文景观和绿色自然景观结合起来、把革命传统教育与促进旅游产业发展结合起来的一种新型的主题旅游形式。长沙红色旅游资源丰富，望城是雷锋家乡，也是郭亮生活和战斗的地方，本项目通过对雷锋纪念馆和郭亮烈士陵园的学习，使学生了解英雄事迹以及红色旅游的文化内涵。

☞ **主要概念**

红色旅游　雷锋　郭亮　雷锋纪念馆　郭亮烈士陵园

☞ **项目练习**

（1）再次通过录像、视频了解望城红色旅游景点。

（2）分组讨论以下几个问题：

1）雷锋的生平、事迹以及与雷锋有关的事件。

2）郭亮的生平和事迹。

3）望城发展红色旅游的现实意义是什么？

（3）每人创作一篇介绍雷锋纪念馆和郭亮烈士陵园的导游词，分小组进行评改，再由老师指导和评审。

☞ **任务评价**

任务测评表

评价方面	模块评价内容	分值	自我评价	小组评价	教师评价	得分
理论知识	①					
	②					
	③					
	④					

评价方面	模块评价内容	分值	自我评价	小组评价	教师评价	得分
实操技能	①					
	②					
	③					
	④					
学习态度	①					
	②					
	③					
	④					

延伸阅读

雷锋纪念馆导游词

游客朋友们：

你们好，欢迎来到伟大的共产主义战士——雷锋同志的故乡参观。

首先，我向大家简单介绍一下雷锋纪念馆的基本情况。雷锋纪念馆于1968年11月建成开放，30多年来，共接待中外游客2000多万人次。纪念馆曾分别于1990年、2000年进行扩建，现馆区面积94000余平方米，建筑面积约100000平方米。是中央、省、市三级爱国主义教育基地和全国3A级旅游景点。

现在我们所处的位置是雷锋塑像广场。雷锋塑像由灰白色花岗岩雕刻而成，它的作者是湖南雕塑家朱惟精；造型为雷锋背枪大步向前，寓意雷锋回到家乡。雷锋塑像高5米，底座高3米，隐含毛泽东同志"向雷锋同志学习"题词发表的纪念日，即3月5日。整个雕塑线条流畅，质朴淡雅，气势恢宏，昭示着雷锋精神永放光芒。

下面请大家参观领袖、名人所题的学雷锋题词碑廊。碑廊建成于1993年，共有碑刻59块，采用白色大理石雕刻镀金而成。右侧为领袖题词碑廊。雕刻有毛泽东、周恩来、刘少奇、朱德、邓小平、江泽民等25位中央领导同志为雷锋的题词诗文。左侧为名人书法碑廊。雕刻有钱君陶、李铎、颜家龙、李立、周昭怡等30余位全国著名书法家颂雷锋书法作品。整个碑廊凝重而大气，富有立体感，使我们既能领略领袖、名人对雷锋的高度评价，也能从中获得较高的书法艺术享受。

现在我们来到了雷锋生平事迹陈列馆。这里是序厅，正面是雷锋同志的日记"把有限的生命投入到无限的为人民服务之中去"，室正中圆形大理石基座上是一本打开的雷锋日记，左墙、右墙分别为乐谱《唱支山歌给党听》、《接过雷锋的枪》。

第一部分　我的母亲就是党

雷锋，原名雷正兴。1940年12月18日出生在长沙县望岳乡（今长沙市望城县雷锋镇）一户贫苦的农民家庭。雷锋的童年是非常不幸的，由于日本帝国主义的入侵，地主和资本家的剥削压迫，1943~1947 年不到 5 年的时间，他的 5 位亲人相继离开人世。雷锋不满 7 岁就成了一名可怜的孤儿。

这三组阶级仇、民族恨、传家史的泥塑真实地再现了雷锋一家在旧社会的生活场景。

雷锋成为孤儿后，本家六叔奶奶收养了他。为了减轻六叔奶奶家的负担，小雷锋经常上山砍柴，有时瞒着六叔奶奶讨饭，这是雷锋用过的柴刀和讨饭用过的竹篮。

雷锋后来在日记中这样写道："万恶的旧社会，把穷人逼成鬼，凶恶的三大敌人，害得人们妻离子散，家破人亡……这个血海深仇，使我永远铭记在心。"

1949 年 8 月，长沙和平解放了，在苦难中挣扎的小雷锋从此获得了新生。党和政府给予了这个孤儿无微不至的关怀，在土改中雷锋分得了二亩四分田和三间房子（1 亩=667 平方米——编者注），这使雷锋真切地感受到新中国好、共产党好。

1950 年夏天，在党的关怀下，小雷锋免费上学了。开学的第一天，乡长彭德茂亲自把他送到学校，并叮嘱他要好好读书，雷锋那稚嫩的脸上洋溢着幸福的笑容。

1954 年秋，雷锋光荣地加入了中国少年先锋队，他在党的阳光雨露的滋润下，不断成长，不断进步，成长为一名有知识、有理想的热血青年。

第二部分　我把青春献给党

雷锋 1956 年 8 月参加工作，先后在农村、机关、工厂和部队工作了 6 年。在短暂的人生旅途中，他憎爱分明，言行一致，爱岗敬业，忘我劳动，刻苦钻研，发愤图强，助人为乐，无私奉献，实现了"把青春献给党"、"把有限的生命投入到无限的为人民服务之中去"的铮铮誓言。

第一组，做一颗永不生锈的螺丝钉。

1956 年 8 月，雷锋在安庆乡政府当上了一名通讯员，同年 8 月，乡政府推荐他到望城县委当上了公务员。在县委机关工作时，雷锋任劳任怨、勤奋好学，深得领导和同志们的好评。县委书记张兴玉同志是一位南下干部，了解雷锋的身世以后，非常关心雷锋的成长进步，经常找他谈心，讲革命道理，可以说雷锋能够走上革命的人生道路，与这位领导的言传身教分不开。一次雷锋跟随县委书记下乡调查，他俩走着、谈着，突然看见路上有一颗螺丝钉，雷锋一脚把它踢开了。张书记却走上前猫下腰捡起来装进了衣袋里，雷锋当时觉得很奇怪。几天后，雷锋要到机械厂送信，张书记把捡到的螺丝钉让雷锋带到机械厂去，并语重心长地对雷锋说："别看这个小小的螺丝钉，机器上少了它不行，干工作也是这样，你这个通讯员整天忙于一些平凡的工作，可它是整个革命事业的一部分，就像机器上的螺丝钉一样。"螺丝钉的故事对雷锋启发很大。在后来的工作中，雷锋始终都把自己当作机器上的螺丝钉，党把他拧在哪里他就在哪里闪闪发光。这是雷锋和当时的县委书记等领导的合影。

雷锋在望城工作期间，还参加了根治沩水河的工程建设，被评为"治沩模范"。不久，他又参加了开垦团山湖农场的建设，成为望城县第一个优秀拖拉机手。这是雷锋在望城报上发表的《我学会开拖拉机了》的文章。

1958年11月，雷锋响应祖国大炼钢铁的号召，来到东北鞍钢当上了一名钢铁工人。在鞍钢工作的一年零两个月的时间里，他3次被评为"先进工作者"、5次被评为"红旗手"、18次被评为"节约标兵"。这是1959年2月雷锋与洗煤车间红旗吊车组同志的合影。如火如荼的生活锻炼了雷锋，使雷锋更加成熟了。他在日记中这样写道："青春啊，永远是美好的，可真正的青春，只属于这些永远力争上游的人，永远忘我劳动的人，永远谦虚的人。"

1960年1月8日，雷锋实现了梦寐以求的愿望，成为一名中国人民解放军。这使他无比激动。他当晚在日记中写道："这天是我永远不能忘记的日子……我要努力学习政治、军事、文化，我要好好地锻炼身体……我要把可爱的青春奉献给祖国最美丽的事业……"这是雷锋光荣入伍的照片。

在部队两年零八个月时间里，雷锋努力学习政治文化，苦练杀敌本领，成为一名又红又专的好战士，入伍仅10个月就光荣地加入了中国共产党，先后荣立二等功1次，三等功2次，受团营嘉奖多次，并当选为抚顺市人民代表。雷锋干一行，爱一行，钻一行，以他的实际行动实现了"我愿在伟大革命事业中，做一颗永不生锈的螺丝钉"的诺言。

第二组，学习钉子的挤劲和钻劲。

雷锋能够迅速地成长为一名伟大的共产主义战士，与他如饥似渴、坚持不懈地刻苦学习政治、文化、技术是分不开的。在县委机关工作时间，他参加了干部业余文化补习班，不到半年时间就完成了初中学业。这是县委干部业余中学的旧址。

1959年初，鞍钢开办了职工业余文化补习班，雷锋主动报名担任初中语文教员，使自己的写作水平和表达能力都得到了提高。

雷锋在部队是一名汽车驾驶员，由于他刻苦钻研技术，精心保养汽车，使部队的一台"耗油大王"车变成了节油车。这是雷锋在精心保养汽车。

雷锋利用一切可以利用的时间刻苦自学，从中汲取精神养分。他写下的9本近20万字的读书笔记、日记，不但语言流畅，文字优美，而且大都充满了人生的哲理，今天读来仍给我们人生以启迪。雷锋这种刻苦学习、发愤成才、善挤、善钻的钉子精神，永远值得我们学习和发扬。

第三组，用勤劳的双手创造财富。

雷锋在日记中这样写道："有人说，人生在世、吃好、穿好、玩好是最幸福的……我觉得人生在世，只有勤劳，发愤图强，用自己的双手创造财富，这才是最幸福的。"这就是雷锋的幸福观。

雷锋在生活上一向勤俭节约，艰苦朴素。他每个月领到工资或津贴，除留下交党费、买日常用品和书籍的开支以外，其余全部存入储蓄所。这是雷锋的存折及收入一览表。

大家看了雷锋穿过的这双袜子，就会很受感动。在参军前，县委张书记送给雷锋一双袜子，雷锋穿破了，补一下再穿，以至于袜子原来的模样全被补丁盖住了，他还是舍不得扔掉，而是把它洗干净珍藏起来。这是雷锋在补袜子。

雷锋勤俭节约，是为了积极支援国家建设，是站在为国分忧、为民解愁的大局上。1960年，抚顺望花区和平人民公社成立，他捐献100元；1960年夏天，辽阳市遭受洪水灾害，他向灾区寄去100元；同事、战友有困难他总是热心帮助。雷锋把人民的困难，看作是自己的困难，把能为人民分担一点忧愁、解决一点困难看作是自己最大的幸福和快乐。这种勤俭自强、助人为乐、不怕困难的精神，这种高尚的品德，是多么的难能可贵啊!

第四组，甘当革命的"傻子"。

在雷锋短暂的一生中，他为社会、为人民做了多少好事，恐怕很难计算，雷锋总是把人民的利益看得高于一切，有人说雷锋是傻子，他却说"革命需要这样的'傻子'"。

一天晚上，雷锋正在调度室里看书，这时，突然下起了大雨，雷锋想起还有700多袋水泥堆放在露天地里，于是他马上组织20多名青年抢盖水泥。当盖水泥的席子和雨布不够时，他把自己的棉被、褥子也拿来盖在水泥上，使国家的财产免受损失。这幅油画就反映了当时抢盖水泥的情景。

1961年春，雷锋从抚顺出差到丹东，遇到一位丢失车票的大嫂，他用自己刚刚发的津贴费为大嫂买了车票，当大嫂问他叫什么名字、住在哪里时，他说："我叫解放军，就住在中国。"

雷锋就是这样，时刻关心同志，关心他人，为人民分忧解愁。正如他自己说的："我活着就是为了使别人过得更美好。"

由于雷锋表现突出，1960年10月12日，沈阳军区政治部《前进报》多次报道了雷锋的事迹，雷锋的先进事迹很快传开。面对党和人民给予他的崇高荣誉，雷锋在日记中这样写道："我，一个孤苦的穷孩子，今天成长为一个解放军战士，光荣的共产党员，并当选为抚顺市人民代表，这一切是我做梦也想不到的，可以肯定地说，没有共产党，就没有我。党像母亲一样，扶着我，领着我，教会我走路，我每成长一分，前进一步，这里面都渗透着党的亲切关怀和苦心栽培。"

第三部分　永生的战士

1962年8月15日，是一个非常不幸的日子。这一天，天色阴霾，细雨霏霏，雷锋和他的助手乔安山驾驶着汽车，从山区工地赶回部队驻地。雷锋见汽车上沾满了泥水，准备把汽车开到营房后去洗干净，看到路不好走，就站在过道边指挥乔安山倒车。汽车的左后轮突然滑进了路边的水沟里，车身一歪，碰倒了一根战士们平时晒衣服用的柞木杆子，正在全神贯注指挥倒车的雷锋，不幸被倒下来的木杆子砸中太阳穴，当即摔倒在地……部队团党委以最快的速度对雷锋进行抢救，但由于伤势过重，大脑溢血，雷锋于 12 点多停止了呼吸，年仅 22 岁的雷锋就这样永别了人世。这是雷锋牺牲的地方。

人们不愿意相信，一个朝气蓬勃、意气风发的雷锋就这样匆匆离开了他们，战友们心情沉重地将雷锋的遗体抬出医院。

1962 年 8 月 18 日，抚顺市军民在望花区礼堂举行了隆重的"公祭雷锋同志大会"。当雷锋的灵车经过望花大街时，数万群众自发地涌上街头护送雷锋的灵柩到烈士陵园，他们与雷锋非亲非故，却像送亲人一样送了一程又一程。

一个普通的士兵，以自己崇高的精神、平凡的事迹载入史册，并且影响了一代又一代的后人，当属雷锋一人。雷锋这个光辉的名字将永远铭刻在亿万人民群众心中。

1963 年 3 月 5 日，毛泽东等老一辈无产阶级革命家发出"向雷锋同志学习"的号召。1990 年，江泽民等中央领导再次为雷锋题词，在祖国大地上掀起了新一轮的学雷锋高潮。40 多年来，雷锋的名字已永远铭刻在中国人民乃至世界人民的心中。雷锋精神像一支熠熠生辉的火炬，照耀着一代又一代的青年奋发向上、健康成长。

为谁活着，怎样做人？这是一个十分严肃的人生课题，雷锋以短暂而光辉的一生为我们作出了有力的回答。那就是让有限的生命在无限的为人民服务事业中得到永生。

游客朋友们，让我们带着深思、带着信念，用实际行动在各自的岗位上作出我们的回答吧！最后，请大家参观雷锋故居。雷锋故居原为地主唐四滚子家的庄屋，因为雷锋的祖辈佃种地主家的田，也就住在这所房子里。庄屋原有房屋共两进 12 间，1994 年，我们按原貌对故居进行修复并对外开放。现保存的是雷锋的父母及雷锋曾经住过的 3 间房子，故居陈列了雷锋一家用过的棉被、蚊帐、炊具以及雷锋母亲上吊时用的麻绳等部分珍贵实物。

项目三　古色旅游

👉 **知识目标**

（1）了解什么是古色旅游。

（2）了解望城古色旅游相关景点知识及其文化内涵。

👉 **能力目标**

（1）熟悉古色旅游各相关景点，能对景点进行概括性的简述。

（2）能回答有关景点、景区的问题。

👉 **素质目标**

（1）爱岗敬业，工作态度热情，具有较强的应变能力。

（2）语言流畅、服务用语规范、普通话标准，能与顾客较好地沟通。

（3）仪表端正、行为举止文明规范。

🏠 **任务导入**

古色旅游是最具有中国特色，最能弘扬中华五千年文化的旅游项目，望城的古色旅游更是具有代表性，不仅让我们领略了遗存古迹的神秘，同时也增加了对历史人文古韵的了解，请问：

（1）什么是望城古色旅游？

（2）你知道望城有哪些古色旅游景点吗？

（3）如果你是导游，你最想推荐的是哪些古色旅游景点？

☞ **任务过程**

利用多媒体教学，播放视频和图片学习以下内容。

以古镇、宗教、文化为特色的望城古色旅游，在望城旅游中发挥着重要作用。望城古迹众多，距今 3000 年的团头湖遗址群、春秋战国时期的楚国村落遗址，见证着远古的文明；被誉为世界釉下彩陶瓷发源地、海上丝绸之路起点的长沙铜官窑遗址，书写着盛唐的辉煌，它神奇的釉下多彩的发现，使我国陶瓷使用此法的历史向前推进了 400 多年。近年来，这些景区在保持原有韵味的基础上，不断挖掘内涵，提升文化品位，使古色旅游焕发出"新"的风采。望城悠长而厚重的古色文化，不仅留下精神的富矿，更为旅游业插上了双翅。

任务一
千年陶都铜官窑

图 3-1　铜官窑位置

资料来源：http://www.tgy.wangcheng.gov.cn/。

一、铜官窑简介

长沙铜官窑又名长沙窑、铜官窑，窑址位于今长沙市望城区丁字镇石渚湖附近。

图 3-2　长沙铜官窑遗址

长沙铜官窑遗址是唐代至五代时期制瓷遗址，距今约 1000 年。

长沙铜官窑是世界上保存最完整、脉络最清晰的唐代瓷器生产遗址，也是世界釉下彩瓷的发源地，打破了当时只有青瓷和白瓷的单一格局，距今已有 1000 多年的历史，被考古学家称为千年前的世界工厂。

铜官窑处于彩陶源村一派田园风光之中，园区大门是仿龙窑背造型，主体砖石结构叠砌不平，粗犷原始，仿佛是承载了千年的历史，厚重沧桑。过彩塘桥进入园区，可见青瓦木窗的仿唐风格民居，似乎穿越回了唐朝。进入主园区左侧是陈家坪遗址，山下是宋代窑址，再下便是唐代窑址。谭家坡 1 号龙窑遗址是迄今为止世界上保存最完整的唐代龙窑遗址，已挖掘出取泥洞、淘洗池、储泥池等 28 处遗址，可修复文物上万件，瓷器，造型别致美观，样式新颖多变。遗址内建有一个沙盘，通过声、光、电、图像、三维动画与遗址相融合，生动还原谭家坡龙窑制瓷烧瓷流程。登上园内觉华塔，可俯瞰湘江，一览铜官窑全景。

在新长沙窑陶瓷体验馆内，游客可以尝试自己动手拉坯、施釉制陶，有陶艺家全程给予悉心讲解和指导和泥、拉坯、绘画、上釉、烧制的过程，偶尔还可与国际陶艺名家现场同台竞技。

二、铜官窑地理背景及发展优势

长沙铜官窑遗址是世界釉下多彩陶瓷的发源地，堪称陶瓷史上划时代的里程碑。长沙铜官窑釉下多彩的发明，突破了当时青、白瓷的单一色调，丰富了瓷器的装饰艺术，为陶瓷装饰艺术谱写了重要的一页，在陶瓷发展史上独步一时，它还把中国传统的书法、绘画、雕塑、诗词、谚语等溶入陶瓷装饰之中。它以造型美观、装饰雅致、釉色匀润、工艺多样、题材丰富而著称。长沙铜官窑的产品遍及亚洲，远至非洲，开辟了一条通往南亚到北非的"海上陶瓷之路"，在东欧、西欧地区也有发现，它是中国人民与世界人民友好交往的历史见证，也是长沙在对外经济、文化交流中，曾在历史上对世界产生过直接影响的一处极为重要的遗址，具有极其重大的历史、科学、文化、艺术四大价值。1988 年 1 月 13 日，铜官窑遗址公布为全国重点文物保护单位，是世界釉下多彩陶瓷的发源地，是汉文化走向世界的里程碑。

近年来，铜官通过制定优惠政策大力招商引资、推进本地陶瓷企业体制改革、整合土地资源、盘活闲置资产等措施，依托铜官独特的陶瓷文化，兴建铜官陶瓷园、打造陶艺一条街，形成了极具独特韵味的铜官陶瓷文化氛围，陶城将再现繁荣景象。

|任务二|
书堂山文化园

图 3-3　书堂山文化园位置

一、书堂山文化园景点介绍

图 3-4　书堂山文化园

书堂山，古名笔架山，因其山三峰耸立，形似笔架而得名（后人为纪念欧阳询而改称书堂山，为行文方便，后文皆称书堂山）；最高处海拔 192.4 米，是湘东北幕阜山余脉向西南延伸入境的低山之一。山虽不高，却林木秀美，路转峰回，涧壑深邃，曲径通幽，且有灵泉奇物，古树遗踪，胜景奇趣，引人寻探。书堂山濒临湘江，与长沙湘江航电枢纽毗邻，北距长沙铜官窑遗址公园6千米，南距长沙市中心城区约20千米，海拔192.4米，主峰面积1.85平方千米，是欧阳询父子从事书法艺术学习和创作的重要场所，距今已有1500年的历史。

《新旧唐书·欧阳询本传》说："欧阳询，字信本"，"潭州临湘人"，即今湖南长沙望城区书堂山街道人。

欧阳询是初唐四大书法家（另三位是虞世南、褚遂良、薛稷）之首，陈永定元年（557年）出生在书堂山南麓，他祖父镇南将军欧阳頠的府第。

欧阳询出生后，前后在书堂山生活长达12年之久，度过了他极具人生意义的、极不平凡的少年时代，为他日后成为书法史上楷书大家，楷书取得至尊无上的地位奠定了不可颠覆的坚实基础。

少年时代的欧阳询，在书堂山勤工典籍，苦练书法。初学二王（王羲之、王献之），不避寒暑，"临池学书，池水尽墨"，四指皆生硬茧，厚达分余，弃置废笔几成小山。其后博采众长，练成"险劲刻历，端庄严整"别具风格的"率更体"，或称"欧体"，终于称谓书法史上楷书第一的鼎鼎有名的书法大家而闻名遐迩。唐朝，欧阳询的书法不仅声闻朝野，就连当时的高丽、日本都专派使者来唐朝求取他的墨迹。唐高祖李渊感叹道："不意询之书名远播夷狄！"当今，日本《朝日新闻》四个报头字就从他书写的《大唐宗圣观记》里选集的。《旧唐书·食货志》记载："武德四年（621年）七月，废五铢，行开元通宝钱。"并说："开元钱文，给事中欧阳询制词及书，时称其工。"字"含八分尺隶体"，写得方圆兼备，端庄浑厚，显示了大唐文化兼容并蓄的博大胸襟。其时，欧阳询已65岁，书法已是炉火纯青。待到唐贞观六年（632年），欧阳询已是76岁高龄。这一年，他奉敕用正楷书写的《九成宫醴泉铭》时，确实已经到了人书俱老的最高境界，"在书法空间结构上，有完美严密得无懈可击的表现"，甚至被称为"唐代楷书的最高典范"和"真正让楷书在书法史上取得了至尊无上的地位"。而于书堂山而言，欧阳询亲笔书写的八分书"洗笔泉池"四字摩崖石刻，至今还有三字清晰地存在"洗笔泉"上方的岩石上面，实在堪称国宝。

后世人为了纪念他，把笔架山改称为书堂山。因之，与欧阳询有关而流传千古的

"书堂八景"，一直为人所津津乐道。有八景尚可得其处所：

1. 双枫夹道

在书堂寺前塘基东侧，相立于道路两旁。神奇的是两树形如两支如椽大笔在书写蓝天，一入深秋，则丹枫胜火，仿佛一对高烧火烛。

2. 桧柏连株

在欧阳阁正殿前坪西南角，老干苍劲，直冲霄汉，终年青翠浓郁，是唐时遗物。此树有两种叶片，一为桧树针状叶，一为柏树鳞状叶。原是两株植根靠近的桧树和柏树，不知何年何月已连成一体，形若老年夫妇，情意缠绵，安详宁静，人称"桧柏连株"。

3. 欧阳阁峙

欧阳阁峙是书堂寺建筑最高层。阁分左中右三殿，殿宇宏敞，古色古香。中殿祀欧阳询、欧阳通父子塑像，栩栩如生。殿前楹柱联曰：

玉座息欧阳，万卷书香传宇宙；名山藏太子[①]，千秋堂构镇乾坤。

4. 稻香泉涌

出阁东门，向上行十数步，可见清泉从悬崖间渗出，汇聚成一泓泉水，泉水明净，清澈见底，永不枯竭，实不可多得之矿泉，据传能治多种疾病，游人争相取饮，甚至瓶装壶舀，携返家园。泉边缘树荫浓郁，夏日炎炎，山下稻香与南风俱来，令人顿觉遍体清凉，竟忘时当酷暑矣！尤使人奇者，此泉周近生活着一种拇指大小的泥蛙，顶门上有一鲜红圆点，据说是欧阳询朱笔戏点所致。

5. 洗笔泉池

从"稻香泉涌"顺山涧上行十余丈，见紧靠岩石下一天然水池，长约三尺，宽约两尺，水清如镜，不溢不涸。奇怪的是，池水左半边呈红色，右半边呈黑色，界线分明，风雨阴晴不变。岩石壁上刻有"洗笔泉池"四字（现存"洗笔泉"三字），为欧阳询用八分体亲笔书写。此池为欧阳询、欧阳通父子洗笔之处。

6. 读书台址

荫蔽于山西南万绿丛中，是一间不足方丈的白墙青瓦小屋，茑萝绕屋，苔痕碧绿，

---

①欧阳询曾官太子率更令，故后人简称他为"欧阳太子"。

草色青幽，屋内有欧阳询倚案读书坐像，雪白的墙壁，则墨沈淋漓，多为墨客骚人之题咏。游人伫立屋中，隐约能听到琅琅书声，更有墨香扑面之感。小门两旁有对联曰：山深人语寂；林密鸟声喧。

7. 太子围圩

此处系欧阳询登山憩息之所。原址在书堂山极顶，圆形土围中央，土堆凸起，周围有许多光滑红色天然石块，可供游人休息。坐上甚觉清爽凉快，能消炎暑酷热。此亦欧阳询归葬之地。

8. 玉案摊书

循"太子围圩"东侧山脊下行至山麓东南芳草鲜美的斜坡间，便见一径约六尺花岗岩八方形巨石。其石下小上大，面平如砥，文采斑驳，古趣盎然。此为欧阳询摊书诵读处。古时本是汉白玉石者，何年被盗已不可考，后人以花岗石代之。

千古书堂山，人文景观颇盛，尤多轶趣奇闻，有意寻幽探胜者，何妨作竟日之游呢？

二、书堂山文化园地理背景及发展优势

图 3-5 书堂山文化园景观

书堂胜景，钟灵毓秀，欧公笔翰，千古传承。

作为唐代著名书法家欧阳询父子读书习字圣地，书堂山上欧阳询祖居、书堂古寺等遗迹保存较好，"太子围圩"、"洗笔泉池"等书堂八景遗风尚存。唐代出现在潭州（今长沙）石渚湖、铜官一带的瓷器作坊、世界釉下彩瓷发源地——长沙铜官窑遗址，深重浑厚的文化底蕴，成为美丽书堂山之灵魂所在。

  2014 年 11 月 28 日，欧阳询文化园开园暨中国（长沙）首届"欧阳询杯"全国书法展颁奖仪式在长沙市望城区书堂山举行。文化园作为长沙市文化产业重点项目，以"野趣、唐风、书韵"为定位，规划总面积 2775 亩，分三期建设。在规划建设过程中，既强调文物资源保护，又注重推进旅游产业开发；既突出书堂山的原生态，又彰显书法文化元素。小镇上的麻石青砖、黄墙碧瓦，与绿叶红花相映成趣；书堂山，欧阳阁内供奉着欧阳询的塑像，洗笔泉内泉水清澈，站在文笔塔上更能一览园区景色……仅仅一年半的时间，过去一个破旧的小镇和贫瘠的小山，蜕变成了一个充满文化气息、深蕴历史沧桑的美丽景区。游客在这里不仅可以欣赏到唐风书韵、"书堂八景"，还可赏析当代著名书法家、文学家题写的楹联牌匾、诗文辞赋。千年书堂，正致力成长为中国书法新圣地、湖湘文化新典范、文化旅游新品牌、书法大赛新平台。

汉王陵遗址公园

一、汉王陵遗址公园景点介绍

图 3-6　汉王陵遗址公园

西汉长沙王室墓为湖南省文物保护单位，是 1993 年全国十大考古新发现之一，位于长沙市望城坡古坟垸。该墓占地面积 10000 多平方米，由主墓和三座呈品字形环拱主墓的陪葬坑组成。墓主为西汉早期长沙国某代王后。1993 年 2~7 月，长沙市文物保护管理委员会办公室、长沙市文物工作队配合湖南省财经专科学校基建工程对该墓进行了发掘。

主墓为一带斜坡式墓道的岩坑竖穴木椁墓，全长 37 米，宽近 16 米，深约 10 米。分内外二层椁室，外椁四周用 400 余根粗短木材层层环绕叠垒，规模巨大，结构严谨，气势恢宏，宛如一座汉代"地下宫殿"。该墓由"梓宫"（棺柩）、"便房"（棺房）、"黄肠题凑"（短木枋）、"外藏椁"（回廊）等部分组成。这一整套埋葬制度正是《史记》、

《汉书》中提到的"天子之制"。其墓主的地位、葬制均在马王堆汉墓之上。该墓虽曾多次被盗，仍出土了金、玉、漆、陶等类文物2000余件。其中，大批漆器对深入研究西汉早期器物有重大价值，特别是出土了3件五弦漆筑，为全国首次发现的先秦两汉时期相和乐器的实物，对于中国古音乐史的研究有重大意义。该墓出土的文房用品——漆盒砚长台，亦称稀世珍品。漆砚盒宽约20厘米、高12厘米，砚石圆形，嵌于漆盒中，旁侧还配置墨块，装饰精美，构思奇巧，十分罕见，可称之为汉砚中的佼佼者。

图 3-7　汉王陵遗址出土文物

在探寻汉王陵时，发现一些汉王陵墓因年代久远，已从山体中隐去，后世的新墓遍覆其上。若非因为盗墓者掘地三尺，这些古王陵或许将被遗忘在荒郊野岭。事实上，汉王陵几乎与汉长沙国的历史一样，少有对其了解者。

汉王陵的主人均来自汉长沙国。长沙国始建于公元前202年，定都于临湘（今长沙），但这个拥有千年历史的南方诸侯国，一直鲜被外界知晓，除了其起止年代和数代国王名号，很难从史书中寻找到"长沙国"的痕迹，可考资料甚少。

直到20世纪末21世纪初，对部分汉王陵展开抢救性开挖后，这段尘封的历史才逐渐被剥开神秘面纱。而近年汉长沙国王（后）陵被开挖，出土的精美文物、丰富史料，进一步还原了历史，汉长沙国的身影也渐渐清晰。

汉长沙国历时200多年，先后由13代共14个王统治。其中，吴氏长沙国历经5代5王，刘氏长沙国，历经8代9王。汉长沙国辖今湖南全境，以及黔、赣、桂、粤等省各一部分，为大汉帝国开国七大诸侯国之一。当时的形势，南粤国欲图独立，汉中央政权需用长沙国来制衡南粤国。没有这个王国，东南就不会那么稳定，形成如此格局，老百姓才能休养生息，安定地生活。长沙国就这样从一级地方政权，崛起为汉帝国的南方王国，然后凭借中心地位登峰中国历史舞台，并由此开创出灿烂辉煌的王国文明。

二、汉王陵遗址公园地理背景及发展优势

图3-8 汉王陵遗址

自20世纪70年代起，湖南省市文物部门先后发现7座汉长沙国王（后）陵，长沙市文物部门又调勘发现20处汉代大型陵墓遗迹。目前发现的汉长沙国王陵墓已累计达27座，主要分布在南起岳麓区天马山、北至望城区玫瑰园沿湘江西岸低矮的山丘上，可分为4个片区，即谷山片区南起岳麓区东山和北津城遗址、北到望城区玫瑰园、西至望藕路、东抵银杉路计5平方千米的范围内，拥有王陵墓16座和汉代城址1处；望城区戴公庙片区拥有王陵墓2座；岳麓区咸嘉湖片区拥有王陵墓5座；天马山片区在天马山、凤凰山、牛头岭分布王陵墓4座。而在上述汉长沙王陵遗迹中，目前仍保存24座陵墓及城址1处。

汉长沙国王陵区具有十分重要的学术价值、社会价值和经济价值，对提升城市品质、凝聚城市力量、扩大名城影响和发展区域经济的作用无可替代。同时，汉长沙国王陵对提升长沙文化遗产观光业品质，铸就全新的经济发展模式起到积极作用。

  汉王陵遗址是中国继陕西汉唐帝陵、洛阳东汉帝陵和北京明清帝陵之后的又一次重大考古新发现,其规模之大、数量之多、规格之高,已引起学术界和国家文物局的高度关注。

  从全国范围内讲,北京、河南、山东、江苏、安徽等地虽已发现、发掘诸侯王(后)陵数座,"但就其规模、数量和完整度来说,均远不及长沙"。汉长沙国王陵对研究汉代中央与诸侯国的关系、各诸侯国之间的关系乃至整个大汉帝国的政治、经济、军事和文化提供了珍贵的资料。对长沙而言,尽管部分王陵已遭盗掘,但长沙国王陵仍为蕴藏最丰富的考古类遗存,它对于探索长沙国的历史地理、廓清汉代长沙国的政治、经济、军事、文化面貌至关重要。

任务四
黑糜峰

图 3-9 黑糜峰位置

资料来源：http://www.csheimifeng.com/。

一、黑糜峰景点介绍

图 3-10 黑糜峰景观

黑麋峰位于长沙城北 30 千米处。主峰海拔 590.5 米，是望城区第一高峰。北接汨罗市高家坊镇，南连开福区，东与长沙县接壤，西靠杨桥村、民望村。峰顶石岩峭壁，三面如削，翠光四溢，耸拔云霄。山顶原有麋峰古观，建于唐玄宗年间，前后三殿，正殿中悬"道高云洞"匾，相传乃怀素所书。两旁石柱镌联曰：有仙则灵，听暮鼓晨钟，逸响遥分蓬岛外；引人入胜，看岳云湘水，普天齐付画图中。

古观后一度为佛教所用，故又称麋峰古刹或洞阳寺，明万历后曾三次修缮。现已恢复"黑麋寺"。山巅还有刘仙姑梳妆台，相传唐代刘氏女修真于斯，每日清晨在此梳洗，成仙后乡人建台，竖碑传世。从峰顶沿 200 多级石阶而下，修篁夹道，细泉淙淙，抚人心脾。不远处有"佛"字石、皇塔、真人坟、雷打泉、双龙出洞、象鼻吊千钧、池畔金龟等名胜古迹。附近还有龙门瀑布、十门洞、玉带桥等景点。山下有"寿字石"，字高 1.88 米，宽 1.08 米，相传为吕洞宾手迹。旁边原有一碑，镌文曰："有人睡得寿字了，可与寿字同到老。"如今，山上修有盘山公路。茶花拥翠，高路入云，湘水扬帆，山塘如银的景观着实让人游趣盎然。

二、黑麋峰经济地理背景及发展优势

图 3-11　黑麋峰森林公园

黑麋峰国家森林公园 2000 年 5 月被批准为省级森林公园，2011 年被批准为国家级森林公园。因她风景秀丽，气候宜人，自古号称"洞天福地"。登临绝顶，群山莽莽，奔来眼底，朝赏日出，暮观落霞，令人心旷神怡。这里空气清新，水质优良，山高林密，夏无酷暑，冬无严寒，被誉为都市人的大"氧吧"。

森林公园 200 平方千米效能范围内，有长沙、岳阳等 8 个地级城市及所辖县（市），非农业人口 600 万人，农业人口 200 万人，另有流动人口 500 万人/年，这是公园最主要的客源基础。在此范围内，前期游客每年可达到 47 万人；后期则可稳定在每年 80 万人次以上。经测算，公园开园 5 年内，其节省广告经费可达 1 亿元。

任务五

靖港古镇

图 3-12　靖港古镇位置

资料来源：http://www.baike.baidu.com/。

一、靖港古镇景点介绍

图 3-13　靖港古镇风光

靖港古镇历史的厚重源于她有着悠久的历史。靖港已有上千年历史。靖港，原名芦江，地处沩水入湘江口，多洲滩，芦苇丛生，故名。唐武德四年，内乱频仍，高祖李渊派大将军李靖南下戡乱。李靖驻兵芦江，"军令严整，秋毫无犯，百姓德之，名其水曰靖港，以志不忘。"于是，芦江始更名靖港。

图 3-14 靖港古镇街景

溯及清末民初，航运业日趋发达，靖港以其天然良港之优势，成为船只进出长沙的北大门和避风港，每天停靠的船只数以千计。湘阴、益阳、宁乡及本地粮食土产多在此集散，曾为湖南四大米市之一，商贾云集，市场活跃，时称"小汉口"。当时流传着一句俗语，"船到靖港口，顺风也不走"，足见其盛。

靖港古镇主要景点有：

1. 毛主席手迹展览馆

在毛主席手迹展览馆，你不仅可以看到毛泽东、郭沫若、周恩来等书法大家的书画真迹，还可以欣赏到贺龙、朱德、彭德怀等30多位先辈珍贵的书法手迹，有的甚至是其平生唯一流传的墨迹。

2. "文革"时期物品陈列馆

该馆通过展示"文革"期间的布票、粮票、邮票和红卫兵袖章、红卫兵大旗等近5000件"文革"珍藏品，让游客亲历当年感受。

3. 族谱陈列馆

在古镇的族谱陈列馆，集中展示靖港地区 139 个姓氏的源流、派语（字辈）、迁徙情况。游客可到这里参观，看能否找到自己的姓氏族谱。

4. 靖港民俗文物馆

靖港民俗文物馆的馆藏以明清文物为主，可上溯至五代唐朝，总计上万件。民俗文物多为古代百姓喜庆、祭祀等大型活动中的常见物品。花轿、面具、佛像勾勒出鲜活的先民生活场景。

5. 恐龙化石馆

在恐龙化石馆，游客除了可看到南孺丰龙化石、贵州龙化石，还可看到三叶虫化石、珊瑚化石等共计数百件。从地质学角度展示远古时代生物和地理变迁，带给游客智慧的启迪。

6. 陨石博物馆

陨石被称为"天外来客"，展馆有 1000 多平方米，一楼展览陨石，二楼展览古代青花瓷，具有很高的艺术鉴赏价值。

7. 曾国藩靖港水战古战船展示基地

曾国藩文化公园位于古镇的老沩水入湘江处，是为了纪念一个半世纪以前的"靖港水战"。这次战役是曾国藩人生的转折点。

8. 靖港国防教育基地

这里，李靖曾讨伐萧铣，稳定了大唐帝国南疆主权；这里，曾国藩曾试图跳水自尽，展现了吃得苦、霸得蛮的湖湘精神。英雄的血迹已为湘江冲刷而去，故事的传颂越来越微弱，后来之人更"不知有汉，无论魏晋"。历史却总是如此，在波澜不惊之处突然冒出万丈狂潮，继而又逐渐湮灭、沉寂。和平年代，所不能忽略的正是历史的这种规律。靖港，作为历史多次重演悲壮的地方，必然要担当起这样一个重要的责任。曾服役于南海舰队的 021 型导弹快艇现泊于芦江之畔，成为中南五省最大的国防教育基地，为靖港军事重镇的历史地位再添一笔。

9. 纪念杨幺的杨泗庙

杨泗庙亦称"杨泗将军庙"。祀南宋农民起义首领杨幺。建炎四年（1130 年）从钟相起义，在首领中年龄最幼故名。钟相牺牲后，与夏诚、周伦等建大寨于子母城，被推为总首领，称"大圣天王"，并用以纪年，有众 20 万。兵农相兼，陆耕水战。势力东起岳阳，西到鼎、澧，北抵公安，南到长沙界内，屡破宋军。绍兴五年因被叛徒黄佐、杨钦出卖，投水未死，被擒牺牲。因杨幺实行"等贵贱，均贫富"的主张，很受人们尊敬，并立庙祀奉。为了避讳朝廷敬仰农民起义首领，并按照首领中年幼排行第四（居钟相、夏诚、周伦之后），加上他投湖未死而视为水神，故名"杨泗庙"，常年香火，以水神祀奉。昔时益阳一带建杨泗庙，或杨泗将军庙多处，并遍及洞庭湖滨各县。

靖港杨泗庙建于清雍正七年，位于沩水之滨，保粮街街头，与观音寺比邻，内有楼廊相通。因修建湘江大坝被拆除后仅剩内殿。内殿单体砖木建筑，正中供奉释迦牟尼佛，佛像左右为陶制二十四尊诸天菩萨。为扩大古庙规模，2003 年在杨泗庙的基础上增建一座新殿，正中供奉关帝爷和杨泗将军，侧有一合金大钟，贴挂信徒之祈愿。此庙为靖港镇内唯一保存良好的庙宇，每日有众多信徒来此礼佛，许多游客前来参观、朝拜，香火旺盛，每逢农历六月初六日、九月十九日观音圣诞，来此参拜者数以万计，世人形容其盛况谓之：朝有千人作揖，夜有万盏明灯。

10. 宏泰坊青楼文化表演艺术馆

宏泰坊位于靖港古镇保健街，建于清雍正十年，是长沙最后一个清代妓院，保留至今已 300 多年。现已将其改建成一座青楼历史文化博物馆。

11. 宁乡会馆

宁乡会馆又名八元堂，坐落在靖港古镇保健街上，为晚清建筑，木质结构，灰瓦青砖，古香古色。会馆大厅能容纳百人。后台的古戏楼有古镇的民间艺人唱着腔调十足的地方戏。

12. 陶承故居

"革命母亲"陶承（1893~1986 年）在丈夫欧阳梅生和长子欧阳立安为革命牺牲后，依然忍痛把两个孩子送去参加革命。小儿子欧阳稚鹤也在抗日战争中牺牲。她化悲痛为力量，投入延安大生产运动。她写成《我的一家》一书，后被改编为电影，其后还出版了一本革命回忆录《祝福青年一代》。

13. 省委旧址

在靖港半边街上，有栋"一担米"式灰墙红瓦的老平房，那便是 1930 年中共湖南省委旧址。

14. 锄禾源

"锄禾源"从靖港地区的农民家里收集来各种曾经使用的工具，意在让游客亲身体会农民的辛苦与智慧，感受靖港人的淳朴、勤劳，以及靖港的稻作文化和渔民文化。

图 3-15　靖港古镇牌坊

二、靖港古镇地理背景及发展优势

古镇现保存"8 街 4 巷 7 码头"，民居 1008 栋，主街道长 1275 米，有数十处古商铺、作坊、会馆、庙宇和极具纪念意义的遗址，其中，"宏泰坊"、"宁乡会馆"、"当铺"、"育婴堂"等明清古建筑保存较为完好。原临河所建房屋均为吊脚楼，独具江南水乡特色，蔚为壮观。古镇内远近闻名的还有"复兴塔"、"观音庙"、"紫云宫"等数处宗教建筑，朝有千人作揖，夜有万盏明灯，香火旺盛，场面壮观。

2008 年 7 月，靖港古镇保护与开发正式启动，同年 9 月，靖港镇荣获"中国历史文化名镇"称号，古镇的保护与开发已纳入省、市重点工程。作为中国历史文化名镇，靖港的发展目标定位为国家 5A 级旅游景点，成为长株潭城市群中独具特色的都市型休闲度假基地。

任务六
乔口渔都

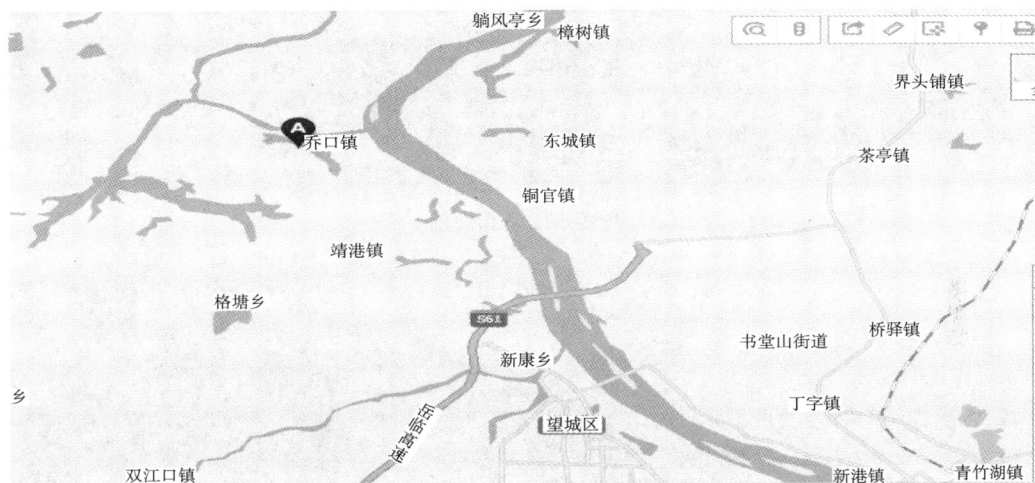

图 3-16 乔口渔都位置

资料来源：http://www.baike.baidu.com/。

一、乔口渔都景点介绍

乔口渔都位于湘江西岸望城区境内，是长沙北大门，百里水产走廊的核心区，素有"鱼米之乡"美誉。为发展地方经济，盘活渔业资源，乔口渔以柳林江大桥建成通车为契机，以水资源为依托、挖掘古镇文化旅游资源，扩大招商引资，着力培育旅游产业市场，巩固和延伸产业链条，创建国家 5A 级旅游景区。

乔口渔都是一个自然风光优美、民俗风情独特、历史文化积淀深厚的江南水乡古镇。自古以来旅游商贸繁荣，素有"长沙十万户，乔口八千家"之说。诗圣杜甫曾有感而吟《入乔口》，柳林江碧波荡漾，沿街立面古色古香。百岁坊、乔江书院、三贤祠和刘福泰行等文化景点都得到了精心修复，1400 多年后的今天，乔口渔都以旅游产业兴镇为主线，挖掘古镇文化旅游资源，突出水乡特色、产业发展和古镇风韵，着力打造"秀美的水乡古镇、繁荣的商贸名镇、宜居的风情小镇、发展的旅游重镇"。

图 3-17　乔口渔都

图 3-18　乔口渔都景观

二、乔口渔都地理背景及发展优势

长沙市望城区人民政府与湖南省柏乐文化投资有限公司签约携手打造乔口渔都乐园项目。根据协议，后者将斥资 8 亿元，按国家 5A 级旅游景区、国家级文化产业园示范基地的设计建设标准，在望城区乔口镇以中国鱼文化为引线，打造体验式"江南水乡文化旅游休闲"为特色的文化旅游品牌。

据介绍，乔口渔都乐园项目拟购买国有出让地 600 亩，租赁湖泊、鱼池 1500 亩，租赁湘江中的荒岛——柳叶洲约 1500 亩，总面积达 3600 亩，将重点建设名胜古迹园、陆地、水上游乐园等八大主题公园。其中，名胜古迹园包括杜甫码头、乔江书院、三贤祠、万寿宫、刘福泰行、望城名人馆等景观景点；陆地、水上游乐园内将有摩天轮、摩天环车、豪华转马、滑翔飞翼等一批现代游乐设备和江南画舫、乌篷船、脚踩船、水上三轮车等水上运动项目；童话动物园将引进白虎、华南虎、松鼠猴、大鳄鱼、海狮等国家珍稀动物。

|任务七|

新康戏乡

图 3-19　新康戏乡位置

一、新康戏乡景点介绍

图 3-20　新康戏乡景观

"戏乡新康"，一个充满着浓郁戏曲文化、寺庙历史的江南小镇，在这里，爱好戏曲文化的人们会聚，一起聆听感受博大精深的中国文化，在不同的腔调中，感悟同样的戏曲魅力！

在这里，你可以漫步在独具风情的戏乡小街，创意风格的建筑以及房屋层高与街面宽度形成的绝佳比例，给人一种惬意的感受。

在这里，你可以漫步在清清河畔，欣赏乌篷船上晒渔网的渔民，更能听到他们不一样的劳动歌声。

在这里，你可以享受顶尖级的戏曲表演艺术，可以参观全国首家戏曲蜡像馆，可以现场体验酿酒全过程，品尝第一杯酒。

在这里，你可以驻足江心岛上，湖光山色，风景宜人，更有康河河畔社戏码头，脸谱广场等，喝茶、听戏、看风景，尽享乡村风情。

在这里，你可以入住农家小院，不同的文化主题院落，将给你带来不同的文化气息，更有农家饭让你一饱口福。

二、新康戏乡地理背景及发展优势

新康因水而兴。沩水出沩山经望城入湘江，频江几十里散漫冲积，形成大片肥沃洲土，这就是新康。新康之名源自晋太康年间，取新阳县的"新"和"溓水（八曲河）"之溓，去水旁而得名。新康盛产稻米、生猪、鲜鱼、莲藕、茭菱等，历来属洞庭鱼米之乡。新康水乡，河湖遍野，稻浪万顷，围垸相连，荷叶田田，宛如画境；秋水长天，鸥鹭欢歌，小桥流水，渔舟唱晚，胜若华彩。

新康历史悠久。沩水河入湘江处为新康口，唐代著名诗人杜甫经湘江游历曾宿新康口，作《新康江口信宿方行》。新康口扼湘水、沩水要冲，自古为兵家必争之地，更是湘江流域的商业重镇，历来为新康政治经济文化中心。新康曾为方国重镇，境内高沙脊出土了大量殷商朝代的青铜器。新康亦为红色革命老区，20世纪20年代的农民运动备受毛泽东同志的关注。

新康人文荟萃。划龙船、舞龙为代表的传统习俗至今流传，有记载的佛教文化圣地有10余处，庙会文化尤盛，庙会上男女老少赶庙会、吃庙酒、看庙戏，是名副其实的"戏窝子"。花鼓戏、皮影戏、地花鼓远近闻名，为百里乡间雅称的浪漫戏乡。备受观众青睐的《洪兰桂打酒》是花鼓戏剧目中唯一以真人为原型创作的经典剧目,其发生地在新康老街。遥想当年新康,好一派"古寺钟摇,锦缆牙樯千里集;阳春调逸,渔歌樵唱万人欢"的盛况。新康为远近闻名的醉乡,农家自酿的谷酒醇香清冽,宋代诗人陶弼《碧湘门》即有"船自新康载酒还"为证。

新康生态秀美,人民勤劳朴实,发展潜力巨大。按照区委、区政府"一镇一特"、"一江两岸四镇"内涵发展的指导思想,乘着中共十七届六中全会东风,我们依托新康源远流长的花鼓戏、皮影戏、酿酒等文化和技艺,弘扬"戏"文化特色,启动"新康戏乡"建设,着力建设极具江南水乡特色的风情小镇,走出了一条既与周边古镇交相辉映又特色鲜明的发展之路。戏乡建设以新康集镇"戏街"为核心,规划面积700亩、水面200亩,整合小城镇建设、棚改、廉租房、敬老院、景观水利等项目资金近亿元,带动社会投资上千万元,实施主街立面改造、管线入地、水系整治、环湖游道、戏台戏院、戏曲蜡像馆、裕源糟坊等项目建设,群众积极实施民居新建改造,全面推进戏曲文化弘扬工程,着力打造全省乃至全国知名的戏剧文化传承培训基地、戏剧文化产业发展交流中心和戏剧展演中心。与此同时,按照城乡一体化发展的理念,辐射带动周边农业休闲与文化旅游产业,实现乡域经济社会全面发展。

|任务八|
洗心禅寺

图 3-21 洗心禅寺位置

一、洗心禅寺景点介绍

图 3-22 洗心禅寺

图 3-23　洗心禅寺

洗心禅寺位于望城区黄金镇。寺庙依山而建，南毗毓秀麓山，北临浩瀚洞庭，风景秀丽，环境洁雅。据《善化县志》记载：洗心禅寺原名洗心庵，于 1620 年创建，至今已有近 400 年历史。开山以来，寺院佛事兴隆，高僧辈出，如清末中兴长沙开福寺的方丈体辉大和尚；原中国佛教协会会长一诚大和尚等都出自洗心禅寺。由于历史原因，洗心禅寺被毁，后重建。新修的洗心禅寺占地面积 500 多亩，主体建筑 12 栋，建筑面积逾 30000 平方米。

二、洗心禅寺地理背景及发展优势

洗心禅寺为清初汉月法藏禅师所建，民国年间，寺院规模宏大，殿堂屋宇建有三进 107 间，住僧 70 余人，置水田 200 亩，山林菜地 200 余亩，实为长沙河西的一大寺宇。"大跃进"中，因为历史原因，洗心禅寺彻底被毁灭。

一诚和尚，1948 年在此出家，直到 1956 年上云居山亲近虚老在洗心寺住了 8 年时间，法师常提知恩报恩，对自己出家之初住了长达 8 年的寺院，一直念念不忘。1986 年 7 月，法师的弟子在长沙，奉师命顺道去察看了洗心寺旧址，方知寺于 1958 年荒废了，当时已片瓦无存，被附近人家种了番薯，树木全无，只剩下一株棕树，法师听后就有了恢复的愿望，但因缘并不成熟。

21 世纪伊始，因缘成熟，主持一诚长老发愿重建洗心禅寺，因身任中国佛协会长，常要驻锡京城广济寺，故于 2002 年 9 月委派法脉弟子悟圣为监院，续往昔之胜因，重建三宝福地，再树庄严宝幢。

从 2003 年 10 月到 2006 年完成第一期工程，并于 2006 年 12 月 28 日举行了盛大的落成开光法会。该期工程占地 108 亩、总建筑面积 30000 余平方米。总投资近 5000 万元；布局以中轴线为基准，分左右两厢排列。中轴线上依次是山门殿、天王殿、大雄宝殿和法堂；左厢为虚怀楼、西归堂、鼓楼、禅堂和方丈楼；右厢是云海楼、客堂、钟楼、斋堂和尊客寮。整个殿宇回廊相衔，融殿、阁、堂、房于一体，庄严古朴，气势恢宏，金碧辉煌。2007 年启动第二期禅学院、禅修中心及其配套建筑工程，其中，禅学院招收出家僧众，着重培养立志于弘法事业的佛门精英；禅修中心则吸纳短期出家，体验僧众生活的在家居士和海内外信众。第三期工程为多宝佛塔，慈善中心、养老院、海会塔等建筑，深刻表达佛教徒慈悲为怀，普度众生，回报社会的无私心怀。寺院整个建筑群融南北风格于一体，红墙金瓦，翘角飞檐；殿内满堂缅白玉佛像，玉质上乘，雕刻精美，古朴神韵；法相庄严，其中三世佛每尊都是用高 5.8 米，重 30 余吨的整块玉石雕刻而成，更是极为罕有，不失为该寺的亮丽瑰宝。寺宇前方占地 42 亩，直径达 108 米，能容纳上万人的洗心广场，恢宏别致，蔚为壮观。

寺庙投资近两亿元，政府计划把它打造成一个在全国范围内有重大学术影响力的学术研究型寺院，同时以寺庙为主体，此处将开发成一个佛教文化旅游胜地。

项目小结

　　望城"古色旅游"，即以古镇、宗教、文化为特色的旅游，望城古色旅游主要包括千年陶都铜官窑、书堂山文化园、汉王陵遗址公园、黑麋峰、靖港古镇、乔口渔都、新康戏乡、洗心禅寺。通过对望城古色旅游的学习，使学生熟悉望城古色旅游各景点的地理背景及发展优势。

☞ **主要概念**

　　古色旅游　古镇　历史遗址

☞ **项目练习**

　　（1）再次通过录像、视频了解望城古色旅游景点，学生能对照说出古色旅游景点名称。

　　（2）以小组为单位，利用网络，广泛收集更多望城古色旅游景点的资料，分组讨论以下几个问题：

　　1）望城古色旅游景点有哪些？分布在哪些区域？

　　2）望城发展古色旅游的优势在哪里？

　　3）你认为古色旅游的游客群应是哪些？

　　（3）每人创作 2~3 篇介绍古色旅游景点的导游词，分小组进行评改，再由老师指导和评审。

☞ **任务评价**

任务测评表

评价方面	模块评价内容	分值	自我评价	小组评价	教师评价	得分
理论知识	①					
	②					
	③					
	④					
实操技能	①					
	②					
	③					
	④					
学习态度	①					
	②					
	③					
	④					

望城区共有各类景区、景点 105 处。其中：主要景点 26 处，4A 旅游景区 2 家，3A 旅游景区 1 家；全国休闲农业与乡村旅游示范点 1 家，全国工农业旅游示范点 3 家，全国历史文化名镇 1 家，全国特色旅游名村 1 家，湖南历史文化名镇 2 家，省级工农业旅游示范点 7 家，省级特色旅游名村 2 家。星级农庄 52 家，其中：五星级农庄 10 家，四星级农庄 9 家，三星级农庄 33 家。星级旅游饭店 2 家，五星级和三星级旅游饭店各 1 家。

2012 年，长沙铜官窑国家考古遗址公园、乔口渔都盛大开园（街），黑麋峰获评国家级森林公园，中国（望城）第四届休闲农业与乡村旅游节隆重举行，望城乡村古镇游获评全国十大乡村旅游精品线路，休闲旅游"望城模式"享誉全国。全年实现旅游综合收入 28.5 亿元，接待游客突破 650 万人次。

望城铜官窑遗址导游词

各位朋友：

大家好！欢迎来到全国重点文物保护单位铜官窑遗址参观。

大家知道，国外称中国人为"唐人"，称中国为"瓷之国"。这两个称呼的由来也是众所周知的，这是因为盛唐时期中国瓷器与丝绸、茶叶并驾齐驱，畅销海外之故。在朝鲜、日本、印度以及东南亚、西亚等国家和地区，甚至南非、北非和一些欧洲国家都出土了大量的中国唐代瓷器。这些瓷器除了青瓷、白瓷一类的单色瓷之外，还有许多五彩缤纷、美妙绝伦的彩瓷。可是，在史籍的记载之中，唐朝仅有"类银"、"类玉"、"类冰"，也就是像银一样、玉一样、冰一样的青瓷和白瓷，并没有彩瓷的记载。文献上记载的我国最早的彩瓷始于宋代。但是，在国外那些地区出土的彩瓷又毫无疑问是唐代的器物，那么中国彩瓷之路的源头到底在哪里呢?这个谜使得研究中国陶瓷史的专家们困惑了许多年，直到新中国成立以后才由湖南的考古工作者揭开谜底。原来中国彩瓷之路的源头就在这里，就在各位朋友的脚下，就在湖南长沙这块神奇的土地上。

大家现在所在的地方当地人称之为瓦渣坪，因为这块平地上到处都是瓦砾，也就是破碎的古瓷片。瓦渣坪距长沙有20多千米，在湘江的东岸。1958年这里首次发现了古代的窑址，因为瓦渣坪隶属于铜官镇，所以称铜官窑，又因为铜官属长沙，故也有称之为长沙窑的。1965年和1978年湖南的考古工作者对铜官窑遗址进行了两次发掘，在约30万平方米的范围内共发现了古窑址19处，分布在从铜官镇到石渚湖的5千米江岸地区之内。据专家推测，由于长期遭江水冲击以及进行工农业建设、开荒取土、修屋植树等缘故，窑址现存面积最多只有原面积的1/3。也就是说，1000多年前的窑址面积应有100万平方米以上，这是一个非常巨大的数字，从这个数字里大家可以想象这里当年作坊林立、工作繁忙、到处都在烧窑、满天都是浓烟的景象。从已发掘的一座长41米、宽3米、呈长条形向山顶延伸的窑址看，龙窑由火门、火膛、窑床、风道、烟囱等部分组成，具有体积大、造价低、产量高、热效率高等特点。在这里，色彩斑斓的古瓷片俯首可拾，丢弃的古瓷器形成的堆积层有的厚达4米多。从中已经清理出了上万件古瓷器，大家看到的是其中一部分精品。在出土的瓷器上有"元和三年"也就是公元808年、"大中九年"也就是公元855年等款式。这说明长沙铜官窑遗址年代上限当在初唐，兴盛于中晚唐，下限是在五代时期。在这里出土的瓷器大部分是彩瓷，其形制特征同在朝鲜、印度及东南亚等国外地区出土的唐代彩瓷相类似。经过物理化学分析，其成分也近似。因此可以说：中国彩瓷之路的源头就在这里，铜官窑的这些彩瓷和其他地区的青瓷、白瓷一道漂洋过海，对于沟通中西文化、繁荣唐代经济、开拓海外市场、提高"唐人"和"瓷之国"的知名度作出了重大贡献。

铜官窑的瓷器，在品种上，根据实际需要，应有尽有，除碗、杯、壶、罐等日常用品外，还有灯、炉、台、枕、玩具等特殊用具。这些大家都可以看到。在造型上，新颖别致，如千姿百态的龙、凤、狮、虎、马、鹿、鸟、雀等玩具，几乎没有两件完全一样。这些玩具不仅造型生动，更为巧妙的是每件玩具还各留三孔可以吹奏简单的曲调。这里有一个现代的复制品，哪位游客朋友不妨来试一下，看能不能吹出曲调来。这种玩具在当时是很吸引人的。在装饰技法上，运用了划花、刻花、印花、堆花、贴花等各种技术。但是，在唐代制瓷业高度发达时期，铜官窑的瓷器在品种、造型、装饰技术上的这些特点，其他名窑也同样具有。同时，铜官窑的瓷器还存在着先天不足，那就是这里的瓷土质量并不是很好，因为铜官瓷胎质灰黄，比不上另一些名窑，不如越窑瓷器的胎质那样洁白细腻。在釉色上，铜官窑瓷器的釉色偏黄，不如越窑瓷器那样清澈如水，釉色莹润。那么长沙铜官窑为什么能够独树一帜，成为中国彩瓷之路的源头呢？这是因为它具有其他名窑所不具备的几大特点：首先，长沙铜官窑瓷器的突出贡献就是发明了釉下彩技术。国外专家指出："在中国陶瓷史上，这是装饰技法上发生的划时代的变化。"所谓釉下彩，顾名思义就是在釉的下面描彩，就是在瓷器胚胎上釉之前，先在胚胎上涂上铁和铜做的呈色剂，然后再盖上釉，送入窑经高温烧制，呈色剂与釉在高温下发生了化学反应，使得美丽的色彩从釉下显现出来，永不脱落。这是一项伟大的创新，是前所未有的。铜官窑之所以能成为彩瓷之路的源头，最主要的原因就在这里。请大家看这件泼彩壶，这是铜官窑瓷器的典型器物之一，1987年出土。它通身青釉，饰以褐彩，这种装饰性的褐彩是随意泼上去的，没有明确主题，但却打破了单色釉的单调，获得了醒目的效果，表现了明丽浑朴、梦幻般的装饰格调。这种釉下彩新技术彻底改变了魏晋以来瓷器装饰单调的局面，从此，瓷器的颜色便开始变得五彩缤纷了。

长沙铜官窑瓷器的第二大特点便是把绘画、诗歌、书法等艺术与瓷器装饰艺术结合起来，形成丰富多彩的釉下彩绘。这在长沙铜官窑以前还没有见到过，也是它的一大创新。釉下彩绘的绘画内容丰富，有各类花鸟、植物、人物、山水等题材。其绘画技巧娴熟，用笔简练、淡雅，属于绘画艺术上写意范围。请大家看这把青釉瓜棱壶。这把壶也是1978年出土的，壶口稍有缺损。壶上有婴戏图一幅，用褐色线条勾勒，近于白描，一枝莲枝，一根飘带，形象生动，线条流畅，反映了那个时代的特点，是一幅难得的唐代人物图。大家再看这边这把瓜体执壶上的这只天真的小鹿，工匠们选择了小鹿最有代表性的姿态，它正在淘气地伸颈回头，翘尾腾跃，脚下流云升起，显示出它正奔驰在辽阔的草原上。在瓷器上写字题诗，也是铜官瓷器的空前之作。在唐以前，在瓷器上很少写字，只是在瓷器上刻画年号、简单的吉祥语或工匠的名字，而铜官窑瓷器上则有大量的文字，或是明白如话的小诗，或录以谚语、格言。虽只寥寥数语，往往发人深思。像这边这件瓷器所题"男儿大丈夫，何用本乡居！明月家家有，黄金何处有？"诗意是鼓励男子汉当志在四方。大家再看这件青黄色瓜棱形壶上以春为题的五言诗："春水春池满，春时春草生。春人饮春酒，春鸟弄春生。"朗诵这首诗能够在无形之中将人带到春意盎然的大自然美景中，使你联想到那里潺潺的流水，嫩绿的芳草，温暖的阳光，悦耳的鸟鸣，还有那香醇的美酒。这些题字题诗均用毛笔书写，书法流畅，布局大方，富有观赏趣味，保留了 1000 多年之前的唐人墨宝。唐人的墨宝保留至今的为数很少，经过千年的转拓传临，都有不同程度的失真，而这些书法自从书写后就没有变过样，是非常难得的。铜官窑瓷器把书法引入瓷器装饰，是我国瓷器装饰上具有民族特色的一项创新。

长沙铜官窑瓷器的第三大特点便是瓷器的生产以外销为主，极力开拓和占领海外市场。用现在的话来说，就是具有强烈的国际市场意识。为什么说铜官窑瓷器是以外销为主呢？首先，铜官窑瓷器在国外普遍被发现而在湖南本地的唐代、五代的墓葬中却极少见。1979 年以来，在长沙发掘的三百座唐代、五代的墓中，没有出土一件铜官窑的典型器物，在全国其他地方也不多见，只在一些重要的江河、港口，如汉口、宁波、扬州才有大量出土。特别是在扬州曾出土整船尚未起运的铜官窑瓷器。可见长沙铜官窑的产品主要是经汉口沿长江而下到扬州、宁波再销往海外的。这条路正是唐代进行海外贸易的主要路线。请大家看这幅唐代长沙铜官窑瓷器外销路线图：从长沙出发沿湘江经洞庭，到汉口，再沿长江而下，到扬州、宁波，出海后往北到日本和朝鲜，往南到菲律宾、印度尼西亚，再穿过马六甲海峡进入印度洋到达波斯湾地区的伊朗和伊拉克，从阿拉伯半岛，穿过红海就到达了埃及。在这些国家和地区都出土了大量的唐代瓷器，其中包括相当部分的铜官窑彩瓷。这是从瓷器出土地点和销售路线来看的。从出土的铜官窑釉下彩瓷器的造型和装饰来看，它们具有浓郁的热带和亚热带特色。如人物多赤身裸体，有不少卷发女郎，类似东南亚人和西亚、阿拉伯人，在走兽中，有狮子、大象等热带动物，还有椰子树、槟榔树以及西亚所特有的椰枣树等植物图案。特别是 1983 年在扬州出土了一件背水壶，上面有以阿拉伯文书写的"真主最伟大"的字样。这样做显然是为了迎合买者所好，表现销售地的风土人情，可以说是极具商业头脑了。在朝鲜龙媒岛出土的两件唐代长沙铜官窑釉下彩瓷壶，一件的上面写有"卞家小口天下第一"，另一件写有"郑家小口天下第一"的字样。卞、郑等姓大概就是当时窑场主人的姓氏，小口是提壶的别名。这用现代的广告词来说就是："啊，我的产品质量是天下第一的，大家快来买呀，来晚了可就没有了呀！"可惜有两个天下第一，不知到底是卞家的天下第一真呢，还是郑家的天下第一名副其实？由此也可见当时商业竞争的激烈程度。1000多年前的唐人就已经开始为自己的产品作广告，并且把目光瞄准了国外市场，这不能不说是一个奇迹，相信大家都会有所感受的。

令人感到非常可惜的是，铜官窑到了五代时就急剧衰落，北宋初就销声匿迹了，再加上它是外销为主，在国内影响不大，史书上根本找不到关于它的一星半点的记载，它在地下沉睡了1300多年，一直到新中国成立后才又与世人见面，这是什么原因呢？到目前为止，说法很多，有的说铜官窑的兴起是因为创新，其衰落也是因为它本身渐渐失去创新，质量下降，以致被其他名窑超越直至取代。创新则兴，不创新则亡，古来如此。有的说铜官窑位于湘江东岸，经常洪水泛滥，是因为水患才逐渐衰落的。还有的说铜官窑的产品是以外销为主，而唐末五代天下大乱及军阀割据的局面，阻断了位于内陆的铜官窑瓷器的外销途径，产品无法销售，生产自然也就衰落了。还有其他种种说法，到底哪种说法正确呢？专家们尚未形成定论。

在历史长河中，铜官窑的存在只是一朵浪花，但时至今日却光彩夺目，对我国瓷器史、美术史、文学史、书法史以及对当时社会的政治、经济状况和生活习俗的研究有重大意义。

项目四　蓝色旅游

☞ **知识目标**

（1）了解什么是蓝色旅游。

（2）了解望城蓝色旅游相关景点及其环境保护知识。

（3）了解有关环境保护的知识。

☞ **能力目标**

（1）熟悉蓝色旅游各相关景点，能对景点进行概括性的简述。

（2）能回答有关景点、景区的问题。

（3）能运用环保知识对游客进行引导和教育。

☞ **素质目标**

（1）爱岗敬业，工作态度热情，具有较强的应变能力。

（2）语言流畅、服务用语规范、普通话标准，能与顾客较好地沟通。

（3）仪表端正、行为举止文明规范。

🏠 **任务导入**

　　湘江，湖南四大水系之一，也是长沙的母亲河，它由南至北流过湘潭进入长沙城区，经三汊矶又转向西北，至乔口而出望城区，再过岳阳入洞庭，流经长沙市内约 25 千米，构成了景色秀丽的长沙沿江风光带。望城蓝色旅游是以湘江、团头湖、大泽湖等水资源为主的旅游，请仔细想一想，望城还有哪些水资源？

（1）什么是望城蓝色旅游？

（2）你知道望城有哪些蓝色旅游景点吗？

（3）你了解湿地生态保护吗？

☞ **任务过程**

利用多媒体教学、播放视频和图片学习以下内容。

任务一
两湖湿地

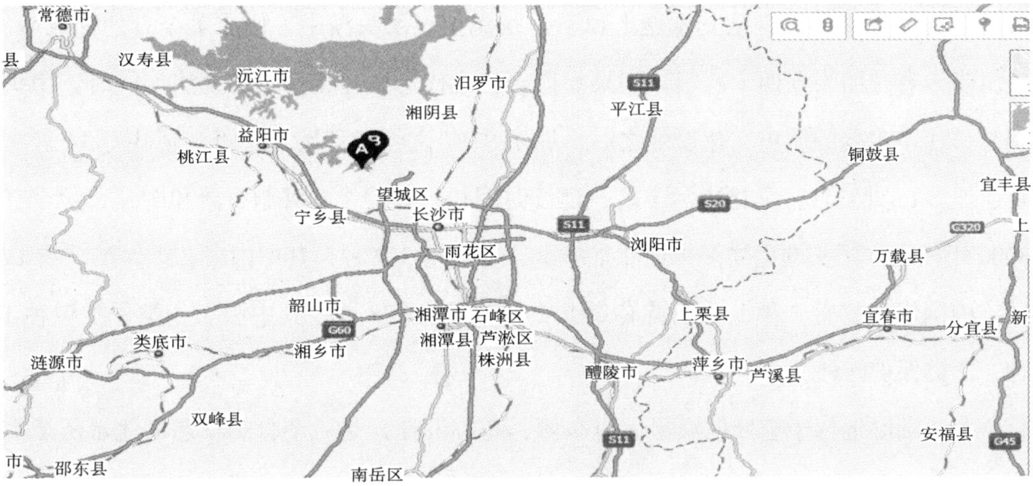

图 4-1 两湖湿地位置

一、两湖湿地简介

图 4-2 两湖湿地公园

两湖湿地公园主要指以团头湖和大泽湖两大湖泊为依托的湿地景观。

团头湖，位于长沙市西北部，是一个天然湖泊，湖岸曲折多弯，是长沙地区最大的湖泊。总水面 8000 亩，长达 8.8 千米，其中望城区占 4.8 千米。团头湖东起靖港樟木桥，南接格塘镇，西临益阳市赫山区，北接宁乡县朱良桥镇，年产鲜鱼 3000 担。湖内有仙泥墩、48 咀、美人晒羞、河螺晒孔、兔子望月等自然景观，其美丽的神话传说，举不胜举。相传八仙之一的吕洞宾，飞渡洞庭湖时，到达团头湖观其山清水秀，环境优美，便停下来歇息，从其木屐上掉下一块泥土至团头湖中，便成了今日的仙泥墩。民间流传着"团头湖四十八咀，如果葬得起，代代有人在朝里"的说法。同时，团头湖是长沙市主要的历史文化遗址之一，据 1987 年文物考察发现，团头湖共有 16 处文化遗址，15 处窑址，文化内涵丰富，延续时间长，有大量的磨制石器和陶片，距今有3000 年以上。团头湖生物多样性非常丰富，有动物 372 种，其中国家二级保护动物 11种，中国濒危物种 3 种，中国特有鸟类 2 种；植物 328 种，其中国家一类保护树种 1种，二类保护树种 3 种。

大泽湖湿地位于望城区金星大道东侧，东临湘江，是一个自然状态的浅水沼泽类湿地。大泽湖湿地包括西北方向开垦的农田形成人工湿地，直到湘江河中的香炉洲、冯家洲，形成一个狭长的湿地带。这是目前长沙城区天然性保持较好的沼泽类湿地。它距东洞庭湖国家级自然保护区仅 40 千米，不仅是鸟类顺湘江迁徙通道长沙段上最后的"驿站"，而且是不少冬候鸟越冬地和夏候鸟的繁殖地。

2011 年，中南林科大对大泽湖鸟类调查发现 15 目 45 科 135 种，其中，国家一级保护动物白鹤 1 种，二级有小天鹅、小鹃、白尾鹞、红隼、黑冠鹃隼、短耳鸮、鹊鹞、普通、阿穆尔隼、斑头鸺鹠 10 种；稀有的有棉凫，留鸟 53 种，夏候鸟 38 种，冬候鸟33 种，过境鸟 11 种。

二、湿地开发与环境保护任务

湿地是位于陆生和水生生态系统之间的过渡性地带，是地球上一种独特的、多功能的生态系统，在生态平衡中扮演着极其重要的角色，有"地球之肾"之誉。它与森林、海洋并称全球三大生态系统，广泛分布于世界各地，是生物多样性摇篮。从 1997年起，每年的 2 月 2 日为世界湿地日。

长沙有多少湿地？据 2007 年调查，全市湿地面积 38226.8 公顷，占全市土地面积的 3.23%。

近年来，望城区对团头湖及千龙湖水利基础进行了大规模投入改造，同时遵循"严格保护、合理开发、永续利用"原则，坚持把团头湖湿地的保护与合理开发利用摆在重要位置，成立了千龙湖国家湿地公园管理处，严禁引进任何工业企业，并限制大规模养殖产业，杜绝环境污染的可能。

团头湖湿地区域的保护建设借鉴其他国家湿地公园湿地保护、开发的成功经验，立足本地区实际，加强林业、水利、农业、国土、环保等部门的沟通，达成共识，采取协调一致、多管齐下的保护行动。同时，加大宣传力度，带动周边广大群众积极投身团头湖湿地区域建设的行列，多措并举，有效保护，适度开发，为团头湖的建设贡献智慧与力量。

大泽湖是长沙最后的保留着生物多样性的地方，是很多珍稀鸟类难得的栖息地和觅食地。恰恰是过去它的"无用与荒芜"，成就了大泽湖在生态保护上的"繁华与兴盛"。大泽湖湿地为当地的农民提供了生产、生活的多种资源，并且发挥着巨大的环境功能和效益，在抵御湘江洪水、控制城市污染、调节气候等方面有不可替代的作用。

但是，近年来，随着填湖现象越来越严重，导致湖面面积减少，不到原来的 1/3，生物多样性遭受严重的威胁。长沙市野生动植物保护协会组织志愿者持续对大泽湖进行反盗猎巡护活动，全国 30 多个环保组织纷纷发出呼吁，"靠近城区且保护得如此好的湿地难得一见，救救这块湿地"。

2014 年，望城区人大常委会审议通过《关于加强自然生态保护的决定》（以下简称《决定》），以"不挖山、不填水、不毁洲、不砍树、不损绿""五不"为标准，切实加大自然生态保护力度，为望城建设现代化公园式城区保驾护航。

《决定》规定：区域内坡度大于 25°、相对高度差大于 30 米的山体原则不纳入建设用地范围；对流域面积 5 平方千米以上的河流，面积 5000 平方米以上的山塘水库，一、二级饮用水源保护区等实施严格保护，工程建设原则上不得填埋水体，确需填埋的应严格落实"谁破坏、谁恢复，谁占用、谁补偿"的保护措施；对湘江及其主要支流沙河、沩水河、八曲河等流域内面积较大、极具观赏价值和生态功能的洲岛实施严格保护；对辖区内古树名木，城镇以外林相较好的乔木林地，重要通道沿线两旁 50~100 米范围内的林木及国家、省、市级生态公益林实施严格保护；对现有的公园、街头绿地、防护绿地、隔离绿带及维护生态系统完整性的生态廊道、绿地实施严格保护。

|任务二|

四大洲岛

图4-3 四大洲岛位置

一、四大洲岛介绍

图4-4 月亮岛

望城的月亮岛、蔡家洲、洪家洲、香炉洲四大江心绿岛是望城旅游的四大洲岛。

1. 月亮岛

月亮岛位于长沙市主城区境内的湘江之中，自然条件得天独厚，生态环境优美；岛长4900米，最宽处850米，总用地面积2.7平方千米，是湘江长沙段最大的江岛和最具开发价值的文化旅游岛。岛上拥有多样植被、湿地、水泽、生物等难得的优质生态资源；月亮岛如一弯修长的新月吮吸湘水，两头银白的沙滩吻着湘水碧波。岛边的柳林随风起舞，群莺纷飞；月亮岛秀美的自然风光与其独特的人文地理环境相得益彰，东邻黑麋峰公园，南眺橘子洲头，西伴戴公神庙，北望铜官古窑，岛上垂杨系岸，芳草萋萋，朝看百舸争流，夕闻渔舟唱晚，实为长沙城区近郊唯一的水上明珠。

为充分保护利用好这一稀缺城市资源，经市人民政府批准，由政府出资组建长沙先导文化旅游投资有限公司，负责月亮岛整体开发和相关文化旅游产业的投资建设与运营。月亮岛项目是湖南省重大文化产业项目、湖南省战略性新兴产业重点项目，长沙市十大标志性文化产业项目，也是湖南省"两型社会"示范区和湘江生态经济带建设的重点项目。根据市委、市政府"沿江建设、跨江发展"的战略决策，以及响应水利部加快推进水生态文明建设的现实需要，将以"生态为基，文化为魂"，对其进行保护利用，将其打造成中国最佳生态低碳示范岛，力争成为国家水生态文明建设的试点项目，实现生态低碳示范岛、世界文化风尚岛的美好愿景，使之成为独具魅力的城市名片。

2. 蔡家洲

位于湘江长沙域区下游，长4850米、面积2940亩，长沙湘江航电枢纽工程在此兴建，工程包括电站、泄水闸、船闸、坝顶公路桥、水库等；正常蓄水位初定30~31米，电站装机5万~8万千瓦，年均发电量约3亿度，坝顶公路宽20米，双向4车道。整个工程形成长达128公里的库区，将长沙、株洲、湘潭三城市连成一起，构成带状滨水区域。

3. 洪家洲

洪家洲，隶属于望城区铜官镇，位于湘江河中，四面环水，总面积1.47平方千米，洲上环境绿树成荫，花草树木错落有致，别具一格，绿化覆盖率达80%以上。

洪家洲是名副其实的"渔人码头"。洲上200多户居民大多以捕鱼种菜为生，几乎家家都有木筏和渔网，也办了捕鱼证。

洲上空气好、环境好、夜不闭户，也从没发生过偷盗事件。自认受了荫庇的洪家洲人也回报着湘江。早在 2005 年，几个渔民组建了一个特别小分队，每天在猴子石大桥至浏阳河口间往返，捡拾江面漂浮的垃圾和岸边休闲平台上的垃圾。原本用来捕鱼的渔网也派上了用场，垃圾多时一网撒下去再用船拖走，一次可以拉走几吨。捕捞队成员并不固定，每年都有人因身体原因离开，但马上会有洪家洲上其他老乡加入。洪家洲社区主任说，清理湘江"一半为赚钱，一半是义务"。

4. 香炉洲

日照香炉生紫烟，香炉洲位于月亮岛与冯家洲之间，处在望城镇星城镇湘江风光带，全长 2200 米，到香炉洲必须乘船才可达到。

自古有"湘江望香炉，泛舟入洞庭"的佳句，横渡湘江、挖灶野炊、露营赏月，香炉洲上的一切都是纯天然，无污染。人们在繁忙的工作之余，可以尽情享受大自然的美好：喜欢垂钓的人，可以在这里安静地享受湘江带给我们的馈赠；喜欢踏青的人，也可以沿着香炉洲遛一圈；喜欢绿色蔬菜的人，可以在这里种植的土地里采摘；喜欢看夜景的人，可以搭帐篷观赏晚上浩瀚的星空。

二、水体旅游资源开发与应用

水体是自然界中分布最广，更是地球上一切生物的发源地。它包括河段、湖泊与池沼、瀑布、泉点、河口与海面、冰雪地 6 种类型。它不仅为人类提供了灌溉、蓄水、舟楫、发电和养殖之利，更能调节气候，构景填色供人游览，诱人娱乐，因而具有极大旅游价值的自然景观旅游资源。其中，水域作为一种旅游资源来开发不仅给人们带来了休闲度假和观光娱乐的功能，还给旅游者带来了教育，同时还具有社会和经济的功能。

望城地处黄金水道湘江下游，拥有长达 35 千米的岸线资源，沿江山水洲城俱备，人文景观荟萃。抓住湖南省长沙市推进沿江开发的重大机遇，望城提出以"打造一江（湘江）两岸（河东、河西）四镇（靖港、乔口、铜官、新康）"、"建设环湘江生态旅游圈"为重点的小城镇发展战略构想。

1."一江两岸"功能分区与开发思路

根据"一江两岸"的地理环境和旅游资源，将其划分为三大旅游功能区，即湘江水上生态文化旅游带、湘江东岸生态文化旅游区和湘江西岸生态文化旅游区。其中，湘江水上生态文化旅游带包括沿江岸线、湘江长沙综合枢纽、月亮岛、香炉洲（含冯家洲）、蔡家洲、洪家洲等。

湘江是湖南的母亲河，是长株潭城市群主要的生态廊道，也是望城区开发观光旅游和生态旅游的主轴线所在。望城"一江两岸"的旅游开发，务必大做湘江文章，突出其生态廊道功能、历史文化特色、生态景观特色，并借助湘江加强望城区河东片与河西片的联系。通过一系列洲岛的开发建设，充分展现岸线资源禀赋特色。

突出两岸联动，促进旅游竞合发展。整合月亮岛、香炉洲、蔡家洲、洪家洲、马桥河、沩水、哑河、八曲河等水景旅游，构建"月亮岛—香炉洲（含冯家洲）—洪家洲—蔡家洲—欧阳询文化园—铜官窑遗址—靖港、铜官、乔口"水上旅游项目，一方面畅游湘江，体验水景观光的乐趣；另一方面串联湘江两岸的自然与人文景区景点，或靠岸小憩，或登坝远眺，或徜徉古镇，或游荡水乡。把湘江观光游与靖港、乔口、铜官古镇游相结合，与千龙湖、团头湖等湖泊游相结合，进一步提升"龙湖国际高尔夫—千龙湖—团头湖"湿地生态度假路线，做大做强斑马湖、大泽湖湿地公园旅游，拓展黑麋峰、谷山、乌山等山水文化型生态旅游形式。

2. 湘江水上生态文化旅游带

湘江水上生态文化旅游带以湘江为主体，南起月亮岛，北抵望城与湘阴两县交界处，靠近长沙主城区，交通运输便利，区位优势明显。该区域的旅游文化开发以水体资源、洲岛资源为主体，拟建设成集江景观光、水上运动、休闲娱乐、岛屿游览、文化旅游于一体的条带形水景旅游区。以蔡家洲湘江长沙综合枢纽为节点，将本区域划分为三大旅游功能区域。

（1）上游娱乐休闲与生态旅游区。位于湘江长沙综合枢纽上游，在大坝建成后将形成碧波荡漾的平湖景观。对月亮岛、香炉洲、冯家洲联袂进行开发，在月亮岛兴建大型主题乐园，将香炉洲及冯家洲建设成亲水型生态观光游览区，强调动静结合，高强度开发与原生态保护相结合。

（2）中游航电枢纽观光游览区。依托蔡家洲湘江长沙综合枢纽工程，开发工业旅游

图 4-5 湘江风光带

和观光旅游，修建水电展览馆、国际会议中心和度假村，在大坝附近设置观景台，登高浏览湘江风光。

（3）下游文化风情与滨水生态旅游区。湘江新康、靖港、乔口、铜官、东城等乡镇，两岸沃野绵延，植被郁郁葱葱，湘江沿岸分布有众多湿地，可开发一系列亲水性旅游活动，发展田园观光风情旅游。对洪家洲进行文化旅游开发，并借此推动靖港镇、铜官镇旅游业的发展。湘江建坝后，下游水位回落，一部分洲滩在枯水期裸露，有利于开展湿地生态旅游。

结合望城新城区开发，塑造湘江风光带景观，包括临江公园、绿化美化、夜景灯光、城区天际轮廓线等，营造温馨舒适的亲水旅游环境。对于星城镇、高塘岭镇、丁字镇等拟重点建设的新城区域，要把临江地带建设与新城区规划有机结合起来，修建亲水大广场、高档酒店、金融中心、购物中心、展览馆、国际会展中心等。在月亮岛、综合枢纽、大泽湖等重要景观节点分别修建标志性建筑物。

在旅游交通组织上，除改造提升陆路交通外，应尽快开通水上巴士，连接岳麓山、开福寺、两馆一中心、橘子洲、月亮岛、香炉洲、蔡家洲、洪家洲、马桥河口、沩水河口、大泽湖湿地公园、斑马湖、欧阳询文化园、铜官窑遗址公园、靖港古镇、乔口古镇、铜官古镇等重要景观节点，构建高水平的水上旅游廊道。可采用民国时代和欧美旧时的游船风格，在船上设置观景平台，使游船本身成为湘江一道亮丽的风景线。

在月亮岛、蔡家洲、洪家洲和三大古镇开发别具风格的水上餐饮、水上购物、水上住宿等旅游休闲服务，开设一些水上咖啡馆、水上茶馆和水上休闲场所，外形小巧别致但文化内涵丰富，游客泛舟湘江，博览两岸秀色。还可举办水上商务会议、水上浪漫婚礼、水上公司庆典等活动。在大泽湖建设高档滨江商务会所，满足公务、商务、旅游等不同类型的消费需求。

项目小结

本项目介绍了两湖湿地公园和四大洲岛，使学生进一步了解湿地开发与环境保护以及水体旅游资源开发与应用。

☞ **主要概念**

蓝色旅游　湿地　水体资源　环境保护

☞ **项目练习**

（1）再次通过录像、视频了解望城蓝色旅游景点，学生能对照说出蓝色旅游景点名称。

（2）以小组为单位，利用网络，广泛收集更多望城蓝色旅游景点的资料，分组讨论以下几个问题：

1）望城蓝色旅游景点有哪些？地理位置在哪里？

2）如何开发与环境保护两湖湿地？

3）如何利用四大洲岛的水体旅游资源？

（3）每人创作2篇介绍蓝色旅游景点的导游词，分小组进行评改，再由老师指导和评审。

☞ **任务评价**

任务测评表

评价方面	模块评价内容	分值	自我评价	小组评价	教师评价	得分
理论知识	①					
	②					
	③					
	④					
实操技能	①					
	②					
	③					
	④					

续表

评价方面	模块评价内容		分值	自我评价	小组评价	教师评价	得分
学习态度	①						
	②						
	③						
	④						

📖 **延伸阅读**

望城，好一座生态之城

"水光潋滟、杨柳依依、斑马湖畔，正是散步好去处，乔口吃鱼、靖港赏古、铜官玩陶，恰是周末好时光。"在雷锋故乡望城，秀丽的生态环境演绎着精致的生活方式。

全境纳入长株潭"两型社会"综合配套改革试验核心区、洞庭湖生态经济区、湘江新区，区域经济综合实力位居全国市辖区百强；全国第五批生态示范区建设试点县，2004年通过国家级生态示范区验收，成为第三批国家级生态示范区……这些年来，一个又一个闪光的荣誉花落望城，而它们，无一例外地与"生态"紧密相连。优美的生态，已成为54万望城人民的骄傲。

今天，创建国家级生态区又为望城生态文明建设，勾勒出气势磅礴的宏伟图景。"走科学发展之路、建现代化公园式城区、创国家级生态区"的大花园战略，把望城生态文明建设推到了一个崭新的高度。回首望城，生态文明，已经成为城市的标签和名片；展望未来，生态之路，望城的步伐将更加坚定而稳健。

1. 渔场变身美丽斑马湖

灵动的水是一种姿态，也是一种情趣，在望城区"国家级生态区"建设中，少不了这些"水分子"。

一弯弯清激的湖水，一幢幢倒映水中的高楼大厦，走在斑马湖附近的林荫小道，只见杨柳依依的湖旁，人们三五成群，漫步水岸，呼吸这里带有泥土芬芳的清新空气。"望城这几年生态环境大大改善，就像长沙的一块'绿肺'。"正在晨练的张柳荫老人说道。

其实，谁曾想到，美丽的斑马湖曾是一个渔场。过去斑马湖附近是大片大片的农田，斑马湖主要用来农田灌溉和养鱼，渔场便应运而生。

20世纪90年代，随着望城城镇化进程的加快推进，一幢幢现代化的建筑开始在斑马湖附近修建，水质一度遭到破坏。近年来，经过开展一系列整治，斑马湖的水变得越来越清澈。在湖边散步成了不少望城市民的生活习惯。

目前，望城区正紧锣密鼓地进行斑马湖东湖湿地公园全片区整体开发的各项工作，500亩水面碧波荡漾，700亩陆地绿树成荫，总面积近1200亩的斑马湖东湖湿地公园贯通了东湖和湘江及整个斑马湖片区水体，使之形成活水，营造出"宜人亲水"的绿色空间。

"以湘江为纽带，建设形神兼备的现代化公园式城区。这是望城区委、区政府反复谋划集中思考后的结论。"简单来说就是"要把望城全域作为一个大公园、大花园、大观园来建设、管理和经营。"

望城在开发建设时，充分考虑各区域的自然环境、区位条件、现有基础，对森林、植被、水体、湿地、古树名木等进行原生态、系统性保护，避免大拆大建，避免填水砍树，尽可能减少人工设施、人造景观的大范围覆盖，使各类生态景观的整体风貌与原有地形地貌相协调，体现地域特色，体现自然野趣。

2. 生态河堤一路都是风景

形式多样、充满生气的公园道路能给公园带来活力，而望城通过大力种植植物，让原本生硬的马路也充满了生命力，让人们在去望城的路上也能享受到生态建设带来的好处。

现在，市民从长沙城区前往望城，除了走金星大道、雷锋大道等道路以外，更喜欢走潇湘大道北延线，因为在那里可以沿湘江西岸体验"一路风景一程水"的独特景观。

潇湘大道北延线宽16米，包括两条行车道、一条停车带和两边的人行道。风光带宽5~20米不等，配以7个形式各异的小广场，组合种植了多品种乔木和灌木，体现了江水两岸相互映衬的独特景色。从河东驱车过三汊矶大桥右拐下桥，即到潇湘大道北延线，路边满是银杏、玉兰、紫薇、樟树等植物。右边的月亮岛如一弯新月静卧湘江，真是名副其实，美不胜收。

这段原来只承担防洪保安功能的大堤，望城在设计理念上进行了创新，从注重单一的水安全到结合生态景观打造生态河堤，因地制宜创造湿地、岛屿，保留沙洲与植被，放缓堤岸坡，部分堤段扩大浅水滩地，保护滨水生态系统。

望城大力实施"青山、碧水、蓝天、秀洲、美垸"五大计划，着力打造16条生态景观林带，构建"一江两河七山六湿地"的大型城乡公园网络和"五线六环"百公里绿道系统。并持续开展"广植树、多栽花、不露黄"为主要内容的全民绿化行动，全面实施"广覆盖、全天候、无死角、还本色"的乡村环境综合整治行动，纵深推进城市管理行动，助推望城现代化公园式城区建设。

3. 公众对环境的满意率达到98%

纤尘不染的沥青路，两旁鲜花盛放、绿树成荫；竹板拼成的宣传墙，在格桑花丛的掩映下宛若画卷；房前屋后的竹篱笆上花枝缠绕、木制的花坛里海棠开得正艳；清澈的池塘里，荷花含苞欲放；桂花树下的石桌石凳，显得清幽雅静；远处环绕着的，是青翠的竹山……

这里不是公园，而是望城区一个名叫银孔围的小小村落，一个鲜花盛开的村庄。这里只是望城区生态建设成果的一个缩影。从2008年至今，望城区以《湖南省长沙市望城区生态区建设规划》为蓝图，以细胞工程为抓手，全面实施生态创建。

望城拆分街道前共15个乡镇，全部获得国家级生态乡镇命名，率先在全省实现了国家级生态乡镇全覆盖；全区126个行政村中，已有光明、民福、大龙、茶园、华城等村获得国家级生态村命名，另有市级以上生态村108个；创建市级绿色学校15个，区级绿色学校73个，此外还创建了一批美丽集镇、社区（村庄）、小区、机关、医院、企业、庭院，实现公众对环境的满意率98%，全区呈现出"画在城中立，人在画中游"的美丽景象。

4. 关停涉重涉化企业30余家

"既要金山银山，更要绿水青山；不能通过牺牲COD换取GDP增长"……在望城，节能减排理念已成为全社会的共同追求，引领着生态建设走向可持续发展。

有"秦砖汉瓦"之称的实心黏土砖是世界上最古老的建筑材料之一，至今仍为不少人所钟爱。然而，实心黏土砖的烧制却是以毁损良田为代价的。据有关资料统计，目前，中国人均耕地1.4亩，只及世界平均水平的40%，排在全球126位之后。而中国城乡的高楼新宅以年均20亿平方米的速度剧增，全国各地为烧制实心黏土砖每年毁损的良田超过70万亩，相当于每年有60多万人口失去了耕地。

望城通过开展专项整治行动，对全区范围内的实心黏土制砖企业实施了关停。不少在望城矗立了多年的黏土砖瓦窑烟囱轰然倒塌。

望城在绿色产业发展上，坚决淘汰浪费资源、污染环境的落后工艺、技术、设备和产品，通过制定环保三年行动计划，实行污染治理项目目标考核。加快淘汰落后产能，英博雪津啤酒、中南机械有限公司、湖南旺旺食品等29家企业完成清洁能源改烧，关停、搬迁、退出海利化工、桃花电镀厂、晶天科技等涉重涉化企业30余家，年底实现全区实心黏土制砖企业全退出，电力、钢铁、建材、有色、化工和石化六大高耗能行业产值占地区工业总值的比重下降至2012年的25%。

同时，环保部门坚持对风险工业企业及污染源企业的环境监察工作，对长沙奥星金属表面处理有限公司、长沙航空工业中南传动机械厂、湖南纳菲尔新材料科技股份有限公司等10余家环境风险企业和湖南华电长沙发电有限公司、湖南三环颜料有限公司等20余家污染源企业进行了每月一次的现场监察工作，对小餐饮、娱乐场所等小型营业单位进行不定期抽查监察。

5. 望城大规模养殖场完成搬迁

除了开展工业污染治理，望城还强力实施养殖污染治理、流域污染治理、扬尘污染治理和农村环境污染治理。

望城境内的两家大规模养殖场——湖南天心种业有限公司原种猪场和省原种猪场相继完成搬迁。两家养殖场都位于长沙市大河西先导区核心区，属于望城区禁养区范围。企业总排污口位于湘江支流马桥河的上游，随着长沙航电枢纽建成蓄水，企业排放的废水将对库区水质安全构成威胁。为保护湘江水质，保护周边环境，保护周边居民权益，望城区政府责成两家企业进行搬迁。

2014年望城全面启动湘江流域治理，继大规模养殖场退出后，湘江库区沿岸一公里范围内所有规模养殖场也将退出。另外，拆除了湘江边丁字段零散麻石锯机30台，并做好拆除场地的复绿工作。

目前，全区新开工工地绿色建筑工地创建率达到80%。14家乡镇污水处理厂基本建成，年内将投入使用，打造散户生活污水处理亮点工程，完成改厕136394

座，因地制宜打造了书堂山街道集镇、白箬铺镇金城小区、乔口镇大垅围村等190座人工湿地工程。农村环境连片综合整治区域生活污水处理率达90%，生活垃圾定点存放清运率达95%，村民饮用水卫生合格率达100%。

望城将对望城山体、水系、湿地、洲岛、森林植被、城乡公共绿地进行最严格的保护，切实加大自然生态保护力度，促进低碳、绿色、环保观念深入人心，不断增强可持续发展能力，完善望城生态建设体系。

项目五　绿色旅游

☞ **知识目标**

（1）了解什么是绿色旅游。

（2）了解望城绿色旅游的相关景点知识。

（3）了解有关环境保护的知识。

☞ **能力目标**

（1）熟悉绿色旅游各相关景点，能对景点进行概括性的简述。

（2）能回答有关景点、景区的问题。

（3）能运用环保知识对游客进行引导和教育。

☞ **素质目标**

（1）爱岗敬业，工作态度热情，具有较强的应变能力。

（2）语言流畅、服务用语规范、普通话标准，能与顾客较好地沟通。

（3）仪表端正、行为举止文明规范。

🏠 **任务导入**

　　看到绿色就想起了环保和健康，现在各种绿色的生态农庄深受人们的喜爱，尤其是久居城市的人们，绿色旅游对他们而言更是一种休闲放松的生活方式，请大家想一想：

　　（1）什么是望城绿色旅游？

（2）你知道望城有哪些绿色旅游景点吗？

（3）你了解乡村生态旅游吗？

☞ **任务过程**

利用多媒体教学，播放视频和图片学习以下内容。

|任务一|

光 明 村

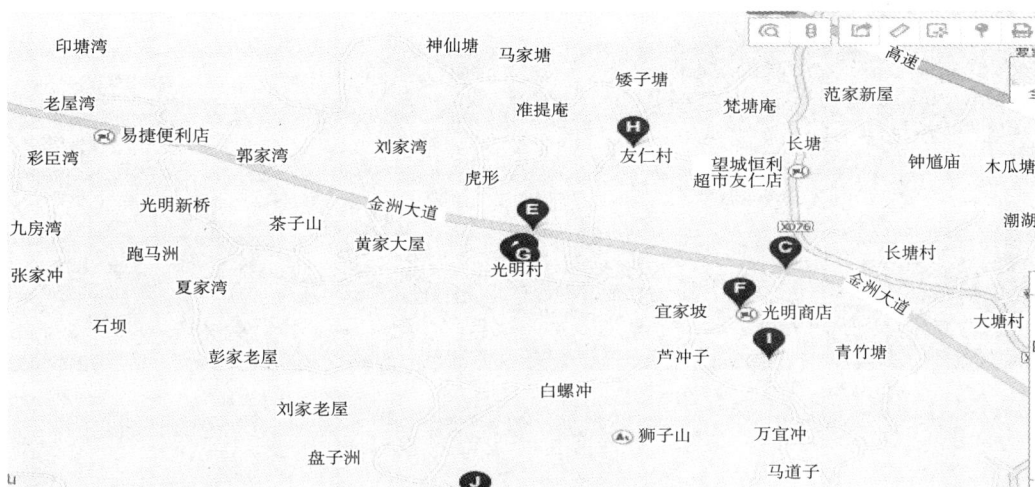

图 5-1 光明村位置

注：G 为光明村位置。

一、光明村简介

光明村位于长沙市望城区白箬铺镇，属于长沙大河西先导区，于 2010 年被评为"湖南省社会主义新农村建设示范村"。在"光明蝶谷"品牌下，规划结合地形环境、农业产业布局和项目引进情况，推出"五谷"、"八景"作为光明村乡村旅游的主要景区。

"五谷"包括：梅花坪——梅花山寨，桃花谷——桃花故里，梨花谷——梨园春雪，葡萄湾——葡萄庄园，枇杷湾——金色果园。"八景"包括：荷塘古韵——包含万荷塘和仿古商业街；湘酒佳味——发展以葡萄酒庄为特色的乡村饮食文化，葡萄酒酿制、品尝及工艺文化体验；枫桥野渡——依托鱼塘发展垂钓，规模化花卉苗圃；八曲烟雨——打造湿地公园，开展生态观光和科普教育，整治八曲河，设置拦水坝，开展水上活动以及露营、探险活动；田园牧歌——以牧场、超级杂交水稻田为特色，同时展示风力发电新型能源；红枫岭——美化光明山，形成四季多元山地景观，开展登山、探险活动；潇湘画苑——打造画家村，剪纸、陶艺展示，建立创意文化基地；大塘梅湾——依托莲花大塘，打造梅湾景观，建设廊桥、沙滩、度假酒店、会议中心等旅游功能点。

图 5-2 光明村风光

二、新农村建设与旅游资源开发任务

按照发展现代休闲农业产业的定位，为有效推进土地流转，光明村注册成立了湖南省第一家土地流转专业合作社，800 亩水面、1400 亩旱土、4000 亩山林以土地流转合作社为平台，采取村民入股、合作开发等形式实行集中流转。目前，已有 330 亩葡萄基地完成建设；龙聚福 110 亩万荷园、清逸园 135 亩运动休闲场所、天露葡萄 320 亩梅溪湖葡萄、134 亩泓信环境景观工程、400 亩四十年河西休闲农庄、景西都苗圃等现代农业基地已初具模型；狮子山生态农庄主楼、怀化黑茶基地、农民培训中心、远大四星级乡村酒店均已开工建设。

在光明大道沿线，依托大塘梅湾的优美景色规划设置农家乐片区，大力发展乡村旅游产业。已有 23 家农家乐对外营业。农家乐以青瓦白墙、朱门木窗的风格为主，突出湖湘民居院落特色。农家乐的开办解决了全村近百名妇女的就业问题，实现了不出村就能找到工作。

修建了长达 6.5 千米的自行车专用环山赛道和两条登山游道，村主道沿线安装了太阳能路灯 101 盏；完成了莲花大塘、汤家坝、罗坨坝水系的治理；游客服务中心建成对外开放，别具风格的地标建设，既体现了浓厚的湖湘特色，又为游客旅游观光提供了良好的咨询、问讯场所。

按照新农村民居改造"青瓦灰墙、朱门木窗"的标准，第一、第二期改造已完工 178 栋；142 户农户完成庭院绿化设计；新建户用沼气池 125 个，电话亭 5 个，新装太阳能热水器 52 台；建设了乡村垃圾回收站和乡村废水处理净化池 40 个；完成 5 处大面积的公共绿化地；6 处停车场建设已完成；五谷打造全面铺开，葡萄湾已打造完毕，桃花谷、梨花谷、梅花坪、枇杷湾正在打造之中。

光明村的文化建设设立了"212n"项目，即成立 2 个农家书屋，1 支自建的农民艺术团，2 个常规活动（送戏下乡、送电影下乡）定期开展，n 次文化专题培训，农家书屋共藏图书近 10000 册。

任务二
百果园

图 5-3　百果园位置

一、百果园介绍

图 5-4　百果园风光

百果园农庄是国家农业部和湖南省政府共同投资建设的国家级果茶良种繁育示范基地，属国家"九五"种子工程重点项目，是湖南省委、省政府为加快农业产业结构调整、改良优化湖南省果茶品种所建的种苗龙头基地，隶属湖南省农业厅。始建于1998年。

百果园农庄也是省城长沙第一座以果（蔬）自采、品茶、垂钓为主题的现代农业休闲观光园。区内视野开阔，布局合理，果茶林木成行成列，大棚设施规模宏大，空气清新，景色秀美，一年四季百果飘香。

自建园以来获得国家级农业示范点、市民喜爱的长沙十佳乡村旅游点、长沙市五星级休闲农业庄园、湖南省五星级农庄、长沙市食品安全信用体系试点企业、省直政府定点接待单位等荣誉。

二、现代果农经济与休闲旅游的综合利用

入园游览或羡鱼垂钓或观赏休憩，既大饱了口福，又品味了亲手采撷的乐趣。在您畅游了绿的海洋，品尝了甜美的果实，呼吸了清新的空气后，若意犹未尽的话，还可挑选几样碧翠鲜嫩的无公害蔬菜带回家，与家人或亲朋好友共享这大自然的惠赠。作为湖南省首批"科普基地"之一，百果园每年接待游客约20万人以上，尤其是与各大旅行社合作开展的学生"科技游"活动，取得较好的社会效益，使百果园品牌逐渐深入人心。现在，百果园度假酒店可为农业高科技培训和旅游观光团队及各类会议、商务客人提供更周到更舒适的服务。酒店建筑面积6000平方米，共有客房50间（套），综合楼按三星级硬件标准修建、贵宾楼按四星级标准配套；各类餐厅、包厢等共300余餐位；各类商务会议室、接待室多间。另有水果（蔬菜）自采、高尔夫球、骑马、垂钓、拓展训练、农家乐、棋牌、球类、健身、KTV等10余种室内外娱乐项目供您选择！诗情画意的"田园风光"、太公垂钓的怡然自得、"城市农夫"的全新滋味。

春有草莓、樱桃、"明前"茶；夏有枇杷、苹果、葡萄、桃、李、杨梅与瓜类；秋有板栗、梨子、猕猴桃；冬有埃及糖橙、蜜橘、脐橙等。一年四季，百果飘香，是个名副其实的"百果园"。镶嵌在青山果园之间面积近80亩的人工湖，湖水波光粼粼、跳跃闪烁，似一颗晶莹剔透的明珠大放异彩，曲折蜿蜒的湖岸边楼阁水榭、垂柳婀娜、石榴吐艳。

任务三
斌辉生态农庄

图 5-5 斌辉生态农庄位置

一、斌辉生态农庄介绍

图 5-6 斌辉生态农庄

长沙斌辉农业科技开发有限公司选址于望城区高塘岭镇原佳村，立于湖南望城经济开发区，距区长沙西站、长沙市政府17千米，离望城区中心城区3千米。西邻建设中的黄桥大道，南靠航空路，北依规划中的九横线。公司整体规划面积1218亩，投资8000万余，分三期开发。一期主要为生态绿色蔬菜养殖基地，二期为商贸科技信息服务中心，三期为加工、仓储、配送中心。发展目标是将斌辉农业打造成集"生态绿色蔬菜瓜果基地，养殖基地，科技研发与成果转化基地，商贸科技信息中心，农产品加工仓储配送中心"于一体的生态农业休闲观光农业示范基地。

二、生态蔬菜与农庄接待

长沙斌辉农业科技开发有限公司为了响应政府关于建设和谐新农村号召，加快推进乡村休闲旅游业的发展，公司于2010年投资2000万元，按三星级宾馆标准，建设了集餐饮、休闲、住房、会议接待为一体，建筑面积达5000平方米的综合服务楼。走进斌辉，环境优美、空气清新、绿树成荫、芳草遍地；走进斌辉，可以穿行于花草丛中，漫步于乡间小道，垂钓于生态渔场，隔离于城市喧嚣；走进斌辉，小河蜿蜒曲折，缓缓流经园区，一股叫"龙涎活水"的清泉，养的鱼鲜嫩爽滑，浇的菜散发出清香，泡的菜则清冽甘甜；走进斌辉，你可以与农夫一起去采摘红绿的蔬菜水果，还可以客串一下"渔翁"到塘里钓鱼，也可以到篮球场、羽毛球场上挥洒几把，饿了，就美美享受一下"斌辉"农家饭菜；走进斌辉，你仿佛进入了世外桃源……这里是您及朋友、家人休闲、度假的首选之地。

任务四
都㤇生态农庄

一、都㤇生态农庄介绍

图 5-7 都㤇生态农庄

长沙市都㤇农业生产有限公司创立于 2009 年 2 月，注册资金 500 万元，占地面积 1000 余亩，总投资 6000 万元。公司坐落于长沙市望城区，地处望城区大众垸核心区域，毗邻千年古镇靖港，南距长沙市中心 40 千米，北依湘阴、益阳，环境优美，交通便捷，依托区域资源优势，发展可持续生态农业，逐步打造成一个集生态种养、农副产品加工、旅游观光和科普教育于一体的生态复合型现代农业公司。

公司园区内水资源丰富，生态种养颇具特色，徽派建筑风格与园区景观相得益彰。2012 年通过认证为"国家四星级农庄"，也是中南地区最具创意及最具江南水乡特质的农业生态休闲庄园。宗旨：以现代创意农业有机循环为基础，生态文化经营为根本，倡导亲近自然、体验自然、融入自然的健康生活理念，致力于生态文化的发掘、凝练和传播。通过人的生产生活体验，改变工业文明主导下人们的精神生态，最终促使人们自觉参与构筑和谐的社会生态环境。

二、生态农业与休闲旅游

长沙市都遨农业生产有限公司（以下简称"都遨"）创立于 2009 年 2 月，坐落于望城区农业园区的鱼米之乡大众垸靖港镇，南距长沙市中心 40 千米，北依湘阴、益阳，环境优美，交通便捷，注册资金 500 万元，占地面积 1000 亩，投资 6000 万元，现已投资 3700 余万元，致力于打造中部地区第一个集乡村原始气息与现代都市休闲情趣为一体的特色生态创意园。

公司紧扣绿色生态主题，以"公司+基地+农户"的模式，发展绿色种养业，走生产、加工、销售一体化之路。通过与高校合作，利用现代最新生物技术和文化创意，打造公司品牌，带动农民致富。充分挖掘产品的观赏价值、体验价值、使用价值、文化价值、生态价值，提升产品质量，丰富市民生活，完成从物质到精神的价值链提升，实现产品市场价值最大化。

|任务五|
千 龙 湖

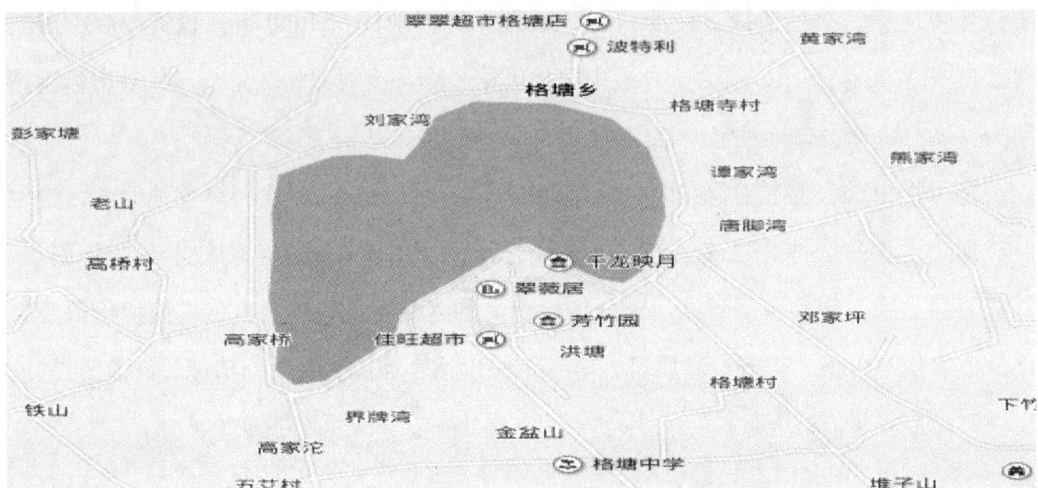

图 5-8　千龙湖位置

一、千龙湖介绍

图 5-9　千龙湖度假区

千龙湖生态旅游度假区位于长沙市望城区，规模宏大，交通便利，距长沙市中心30千米。规划总面积为12000亩，目前以2800亩水面为核心进行综合开发，400亩湖心半岛和400亩山林山水融汇，环境优美，鸟飞鱼跃，生态和谐，具备发展生态旅游的独特资源优势。获得了"国家AAA级旅游景区、国家湿地公园、国家级水利风景区、全国农业旅游示范点、新潇湘休闲八景、湖南省十佳五星级休闲农庄、湖南省十大最佳旅游景点、长沙市民最喜爱的十大旅游点"等众多荣誉。千龙湖先后成功承办了首届和第二届长沙市乡村休闲旅游节、国际龙舟邀请赛、全国钓鱼锦标赛、"同饮长江水，共造平安林"全省保护母亲河大型公益活动、第四届中国长株潭生态休闲旅游节等多次国内外大型活动。

千龙湖目前已发展成为全国第七大乡村旅游企业、湖南省乡村旅游和休闲农业板块中最大规模和最具影响的龙头企业，集商务会议、休闲度假与观光旅游三大功能于一体，食、住、行、游、购、娱功能完备。

二、现代农业与水体旅游资源的综合利用与开发

图5-10　千龙湖景区鸟瞰图

长沙千龙湖生态旅游度假区位于长沙市望城区格塘镇。距省会仅35千米，车程约40分钟，距望城城区12千米，交通便捷，环境优美，风景迷人，生态环境质量优良。西北是绵延起伏的低矮丘岗，周围是一望无际的农田。山、水、田园、村舍雕琢了一

首完美的田园诗。

自 2003 年开发以来，千龙湖已投入资金 3.4 亿元，建设面积 7000 亩，初步建成了现代农业示范园、水产孵化基地、苗木培植基地和生态山庄等项目的配套建设，分为水上娱乐、垂钓休闲、分时度假、生态农业、生态林业、生态养殖 6 种不同类型的休闲小区，形成了休闲度假、商务会议、拓展培训、农业观光旅游、农副产品加工等系列旅游产品体系，项目丰富多样，条件良好，设施完善，服务优质。其中，酒店拥有别墅、豪华、标准等多种类型客（套）房，共 400 多个床位；餐饮可同时容纳 1500 多人就餐，是商务、休闲、度假、聚会等各种活动的理想场所。

长沙千龙湖生态旅游度假区先后被评为"国家级水利风景区"、"国家农业旅游示范点"、"中国国际龙舟标准赛区"、"湖南五星级生态农庄"和"新潇湘八景"之一。2005 年、2006 年、2007 年相继成功举办了"中国望城千龙湖国际龙舟邀请赛"、"千龙湖·长沙首届乡村休闲旅游节"、"2007 长沙第二届乡村休闲旅游节"、"2007 全国钓鱼锦标赛（长沙站）"。

项目小结

本项目学习了光明村、百果园、斌辉生态农庄、都遨生态农庄及千龙湖五个有色旅游景区，并且进一步学习了望城新农村生态农业建设与旅游资源开发利用的途径和举措。

主要概念

绿色旅游　新农村建设　生态农庄　休闲旅游

项目练习

（1）再次通过录像、视频了解望城绿色旅游景点，学生能对照说出绿色旅游景点名称。

（2）以小组为单位，利用网络，广泛收集更多望城蓝色旅游景点的资料，分组讨论以下几个问题：

1）望城绿色旅游景点有哪些？地理位置在哪里？

2）如何开发和保护生态农业旅游？

3）生态农业与休闲旅游的关系是什么？

（3）每人创作 2 篇介绍绿色旅游景点的导游词，分小组进行评改，再由老师指导和评审。

任务评价

任务测评表

评价方面	模块评价内容	分值	自我评价	小组评价	教师评价	得分
理论知识	①					
	②					
	③					
	④					

续表

评价方面	模块评价内容		分值	自我评价	小组评价	教师评价	得分
实操技能	①						
	②						
	③						
	④						
学习态度	①						
	②						
	③						
	④						

长辉生态农庄

望城区长辉生态农业有限公司（长辉生态农庄）于 2009 年 12 月注册成立，坐落于望城区鱼米之乡靖港镇，距长沙市中心 30 公里，交通便捷，环境优美。是观光、休闲、采摘、购物、生态、农事体验和传统农耕文化为一体的纯生态农业旅游、休闲、娱乐的现代农庄。

图 5-11　长辉生态农庄风光

一、长辉生态农庄基本概况

农庄总投资 5000 万元。现已投资 2000 万元，占地面积 1090 余亩。其中，无公害水产基地及生态野生乌龟养殖面积 520 亩，无公害蔬菜水果及优质水稻种植面积 570 亩，生猪养殖 1000 余头。该公司现有员工 51 人，其中应届大学毕业生

15人，当地农民合同工32人。具有高级技术职称3人，中级技术职称人员9人，技术员10人。

二、长辉生态农庄项目和设施

（1）种植园区。种植了300亩无公害蔬菜为主的核心示范种植园；种植了以祁东黄花菜、紫背天葵、紫色红薯、日本小青瓜等为主的食用野菜种植园；种植了食用药材种植园；达到地方特色菜应有尽有，四季生产，四季销售，既体现观赏性，又体现实用性。

（2）果树园区。开发了无土栽培新特优时令水果和橘子、樱桃、枇杷等，种植了瓜棚果园，达到三季有花、四季有果。

（3）养殖园区。形成了千头标准化养猪区、千羽围栏养鸡区、养鸭区，并积极引进新特奇品种，养殖稀特鸽子、孔雀、七彩山鸡等。鱼塘分为特产养殖区和垂钓区两大区域，养殖生态野生乌龟、笋壳鱼等特种鱼及青、草、鲢、鳙四大家鱼。

（4）生态系统配套区。按照农田农业开发立体框架，建造了280亩栽植园，提升了278亩草地，改造了232.5亩农田，体现田中绿野、塘边绿荫、道中绿廊、塘中碧水、庄中花草树相映衬。

（5）休闲设施配套区。围绕现有村落，把民族性、现代性、观赏性、实用性结合起来，建造了1栋别墅，接待中心1个，休闲会所中心1个，观景亭3个、垂钓码头4个，停车场2个，10个休息亭台。可同时接待500多人游客。

三、长辉生态农庄经营理念

农庄以立足现代特色农业，注重生态、低碳品牌，服务都市人民为宗旨，打造精品特色农业、现代农业、观光农业、都市农业和休闲农业，最大限度地实现农业的再生价值。以"公司+基地+农户"的模式运作，发挥农庄的示范辐射带动作用，促进当地经济发展，服务新农村建设，带动农民致富引导农户走上致富之路。

金成水乡

图 5-12 金成水乡风光

一、金成水乡发展历程与基本情况

金成水乡成立于 2003 年，经过多年的努力与发展，现已发展为一家集餐饮、垂钓、休闲、种植、养殖于一体的大型生态农业观光基地，总面积达到 3650 亩，其中水面 215 亩，休闲娱乐场所 100 亩，优质稻种植面积 3120 亩，无公害蔬菜种植面积 200 亩，生态猪场占地面积 15 亩。养殖重点为生态甲鱼养殖和牲猪养殖，种植重点为无公害蔬菜种植、油菜种植和优质稻种植。随着公司规模的不断扩大，产品总产值也大幅度增加，其中垂钓、休闲娱乐、农家餐饮年营业额近 500 万元，优质稻年产值 630 万元，无公害蔬菜年产值 180 万元，中华鳖特种养殖年产值 390 万元，鲜鱼年产值 168 万元，年出栏生猪 1500 头，年产值 240 万元。公司现有员工57人，其中大专以上员工26人，研究开发人员4人，中层以上管理人员10人。

金成水乡规划总投资5000万元，已投资3000多万元。根据"实际、实用、实效"的原则，因地制宜，积极探索出一套行之有效的新路子，在各个方面都取得了很大成效。金成水乡被评为百里水产走廊建设的重点项目、全国科普惠农兴村先进单位、全国巾帼农业科技示范基地、湖南省农村科普示范基地、湖南省四星级农庄，同时也是国家农业科技园区示范基地、高校毕业生就业见习定点单位、长沙市休闲农业协会理事单位、望城区乡村旅游定点接待单位。

二、产业经营项目及主要特色

1. 乡村休闲旅游

金成水乡经营项目主要分为两大类：乡村休闲旅游项目和种植养殖项目。乡村休闲旅游项目即休闲农庄，农庄里面湖泊星罗棋布，绿树成荫，垂柳依依，鸟语花香，建筑风格古朴别致，有江南水乡的柔美风情，是一家具有典型乡村风味的农庄。已开发的项目有垂钓、餐饮、休闲、娱乐等，而活水钓鱼是其一大特色。金成水乡围绕"水"字做文章，这里的水全是活水，即为流动的水，与湘江支流沩水河相通，且水乡内池池相连、互相流动。故这里的鱼味道鲜美，没有任何异味。金成水乡在走廊、亭子等处都作了有关钓鱼方面知识的宣传和介绍，营造了一个富有钓鱼文化气息的氛围。水好、鱼好，钓鱼的人自然多，金成水乡不但让来这里的客人钓到鱼、享受钓鱼的乐趣，同时还让客人在这里学到钓鱼相关的许多知识，感受钓鱼的文化。另外，客人来到金成水乡还可以把这里自产的一些土特产带回家，比如生态甲鱼、土猪肉、土鸡、无公害蔬菜、水果、自制乡里坛子菜等。金成水乡多次举办过不同规模的钓鱼比赛，且与多家单位、团体建立长期合作关系。金成水乡最大程度地保持和突出了原汁原味的农家风味，满足游客享受田园风光、水乡风情、回归淳朴民俗的愿望。

2. 生态种养殖

种养殖项目有水产养殖、家禽养殖、无公害蔬菜种植、优质稻种植等。

参考文献

［1］望城政府官网，http://www.wangcheng.gov.cn/

［2］望城旅游局官网，http://www.ly.wangcheng.gov.cn/

［3］望城区十二五旅游规划。

［4］望城"一江两岸三镇四岛"开发策略研究。

［5］百度图片，http://www.image.baidu.com

［6］百度旅游，http://www.lvyou.baidu.com/